Ⓢ新潮新書

石破 茂
ISHIBA Shigeru

私はこう考える

1068

新潮社

はじめに

本書は、この十年間に新潮新書から刊行した四冊の著書、『日本人のための「集団的自衛権」入門』、『日本列島創生論　地方は国家の希望なり』、『政策至上主義』、『異論正論』から、これからの日本を考えるうえで重要だと思う論考を選び、まとめたものです。原則として、表記を統一するといった軽微な修正以外は加えないようにしました。基本的な思考や主張は一貫していると考えております。

国のグランドデザインや安全保障、政治の役割といったことについての私の考えを知っていただくための材料となれば幸いです。

二〇二四年九月

役職・肩書等は基本的に当時のものです。

私はこう考える●目次

初出：1～6『日本列島創生論　地方は国家の希望なり』、7～9『政策至上主義』、10～14『異論正論』、15『日本人のための「集団的自衛権」入門』

1　革命は地方から起きる

日本はすでに有事

いまは有事である。

冒頭からこのように申し上げると、何だそれは、と思われるでしょうか。

「また尖閣だの集団的自衛権の話をしようとでもいうのか」

多くの方がそのような疑問を持たれるかもしれません。

しかし、私は冗談で申し上げているのでもありませんし、突飛な表現で読者の皆さんを脅かすつもりもありません。

国立社会保障・人口問題研究所の発表によれば、このままの出生率が続けば、二百年後には日本の人口は千三百九十一万人、三百年後には四百二十三万人、西暦二九〇〇年には四千人、三〇〇〇年には一千人となるそうです。もちろん、これはあくまでも机上の計算で、出生率が上がらなければ、という前提ですから、実際にどうなるかはわかりません。また、西暦三〇〇〇年なんて先の話は、想像すらできないし、する必要もないと思う人もいることでしょう。

ただし、出生率の低下が国家の存亡にかかわることであると実感するには、有効なシミュレーションではないかと私は考えています。

国家の存立要件とは何か。それは三つあります。

国土であり、国民であり、排他的統治機構です。

その大切な国民がこのまま事態が進めば、静かに消えていく。

これを有事と捉えない理由があるでしょうか。

私は長年、安全保障の分野に携わってきました。

安全保障政策に関しては、自民党と他の党とで必ずしも意見、立場が完全に一致するわけではありません。二〇一五年の国会で、安全保障法制に関して合憲か違憲かといった議論が激しく行われたのはご承知の通りです。

それについては様々なご意見があるのでしょうが、少なくとも「日本国を守るため」

「領土を守るため」「平和を守るため」に国家がベストを尽くすべきである、という前提はほぼすべての国会議員、国民が共有していると私は信じています。意見が分かれるのは、あくまでもその目的を達成する手段、プロセスに関する見解の相違によります。

国土を守る、国民を守ることの重要性については、ほぼすべての国民が理解している。だからこそ、尖閣や北方領土、あるいは拉致問題について、多くの人が熱心に議論し、あるいは行動をとっているわけです。

ところが、事が人口問題となると、そのような「熱さ」は感じられません。静かに、確実に進行している危機に対しては、まだどこか他人事のようなところがある。

しかし、それでいいはずがありません。

この問題もまた国の存立にかかわっているのです。

敵国が攻めてくるとか、領土を奪われるといったことは、現段階では「起こりうるリスク」です。そのリスクを極力、低減するために、私たちは外交的努力を続け、国内では様々な法案を整備し、自衛隊の力をつけるように努力しています。

一方で、人口問題はすでに「起こっていること」であり、現在進行形の問題です。にもかかわらず、政治家も国民もまだ危機意識が薄い。

だからこそ有事である、と私は申し上げているのです。

子孫に負債を残すな

いささか大上段に振りかぶってしまったかもしれません。私自身、地方創生大臣に任命されるまでは、漠然とした危機感は持っていたものの、ここまでの事態になっているとは思っていませんでした。その点は不明を恥じるばかりです。

「百年後なんて先の話をされても……」と思う方もいることでしょう。しかし、危機はそんなに先の話でもないのです。

超高齢化、少子化の問題は地方に先にやってきています。これまで日本では人口、食料、エネルギーは地方が生産し、それを大都市が消費するという構造にありました。

高校まで地方で学んでいた学生の多くが、大学進学とともに東京や大阪など大都市に出ていき、戻ってきません。農業や漁業などの一次産業が地方にあるのは言うまでもないでしょう。そして福島の例を挙げるまでもなく、ほぼすべての発電所は大都市以外に立地しています。

その大切な地方が、消滅しつつある。そのことを具体的なデータとともに示したのが、二〇一四年に刊行された『地方消滅』（増田寛也編著・中公新書）でした。詳細は後でまた述べますが、地方だけが消滅して、都市圏は安泰などという虫のいい話はありません。地方で起きたことは、確実に大都市圏でも起きます。

人材、食料、エネルギーの生産の場だけが衰退して、消費の場だけが繁栄するなどということがあるはずがない。二十年程度のタイムラグはあるにせよ、確実に東京も消滅に向かいます。地方の出生率が下がれば、東京に供給できる人数も減ります。

「どうせ俺の生きているうちは大して変わらないから、知ったことではない」

そう考える人もいるかもしれません。もちろん、個人としてそのような考え方を持つのは自由です。たしかに、現在の中高年が生きている間は、ギリギリなんとか日本はもつかもしれません。

しかし、それで良しとするということはすなわち今の子どもたちに対して、大きな負の遺産を残したまま、責任を放り出したまま、死んでいくということです。個人のレベルはいざ知らず、少なくとも政治家はそのような立場を取るべきではないでしょう。

聞くところでは「こんな暗い未来を子どもたちに見せたくない。だから子どもは作らない」と考える若い人もいるそうです。それでさらに出生率が下がるようであれば、まさに悪循環です。

領土が侵犯されるリスクや、原発事故のリスクよりもはるかに高い確率で、いや確実に到来する危機が目の前にあるのです。人口減少は「起きるかもしれないリスク」ではなく、確実に来ることがわかっている事態です。これを危機と呼ばずして何を危機とすればいいのだ、と思います。

人口減少楽観論の間違い

人口が減少することを悲観しなくてもいい、という人もいます。

「そもそも狭い国土に一億数千万人もいるから窮屈なんだ。明治時代の人口は四千万人。そのくらいでもいいじゃないか」

こういう論理です。たしかに一見、説得力のある意見です。家も広くなりそうですし、通勤電車も混まなくなるから、いいような気もします。しかし、これは人口の「数」のみを見て、「中味」を見ていない議論だと言わざるをえません。

明治時代半ばの人口四千万人のうち、高齢者の占める割合はごくわずかです。当時の平均寿命は四十代前半。だからこそ明治以降、日本の人口は爆発的に増えました。明治維新から百年間で三倍になったのです。

戦後、一九五〇年においてすら日本の高齢化率（人口のうち六十五歳以上の占める割合）はわずか四・九パーセントでした。それがもう二五パーセントを超えています。

おそらく明治時代の老人、昭和の老人よりも今のシニア世代のほうが若く、お元気なのでしょう。それは実に良いことです。

しかし、いかに今のシニア世代が元気で若々しく、時に恋愛に対しても積極的であったとしても、若者のように子どもを作ることはできません。また、消費にせよ生産にせよ、やはり限度があります。極端に高齢者が多いようでは、活力ある国家とは言えないのです。

明治時代を引き合いに出して、「だから人口が減ってもいいじゃないか」というのは、あまりに楽観的、あるいは無責任な考え方だと言わざるをえません。

このままの傾向が進めば、日本国はサステナブル（持続可能）ではなくなる。その認識を前提として共有する必要があります。

「今はとりあえずそんなに困っていない。それならば当分はこれでいいじゃないか」

そう考える方もいるでしょう。

しかし、そのような思考法が蔓延しているから、日本はこれまでいろいろな問題を放置してきたのではないでしょうか。

たとえば将来、エネルギーをどう安定供給するのか、というテーマについては様々な考え方があります。「原発ゼロ」を望む方も多いようですし、一方で「それは現実的ではない」という意見も根強い。

色々なデータをもとにした、「原発も当分、ある程度使い続けなくてはいけない」という結論を聞くと、そういうものかなとも思います。ただし、一方で、果たして日本は国としてこれまで本気で「原発ゼロ」に取り組んできたか、検証をしたのか、というとこれもまた少々怪しいように思います。

いきなりゼロにするのは難しいにしても、きちんと計画を立てれば可能かもしれない。たとえばオーストリアは、その方針を決めて、バイオマスなどの比率を上げていっています。

私はそうすべきだ、と言っているわけではありません。「本気で目標を決めて、そのために進む」ことを私たちはずっとやってこなかったのではないか——その視点での議論をしていくべきだと申し上げたいのです。

食料自給率を上げよう、という方針について反対する人はほとんどいません。しかし、そのための目標を本気で設定し、方策を本気で考え、デメリットも含めて皆で共有するといった作業をしてきたのか。答えはノーです。

人口問題も同様です。

そして、こうした大きなテーマに関して、「中央政府に任せておけばいいや」と考えているようではもはやどうにもなりません。むしろ、その逆の発想が求められます。国が地方を変えるのではなく、地方の真摯な取り組みこそが国を変える。そのような考え方を共有すべきである。これが初代の地方創生担当大臣をつとめた私の結論です。別の言い方をすれば、「地方創生」の集積が、日本全体の「創生」になる、ということです。

アベノミクスの先にある処方箋

第二次安倍内閣発足以降、アベノミクス等の施策によって、株価は上昇しました。失業率も改善しました。

しかし一方で、「景気が良くなった」「生活が上向いた」という実感を持てない、という声が依然、多いのも事実です。あともう数年すれば、そのうちそうした人たちにも、アベノミクスの恩恵が行きわたるのか。

正直に言えば、今のままでは、その保証は無いと言わざるをえません。

アベノミクスとは何か。一つは大胆な金融緩和政策であり、もう一つは機動的な財政出動でした。その結果、実質GDPの成長、株価の著しい好転など、デフレ脱却に大きく貢献しました。

しかしながら、この二つだけでは限界があることもまた、正視する必要があります。これはある意味では時間稼ぎであって、いつまでも続けることはできません。日銀が無限に国債を買い続けることは出来ませんし、公共事業の財源にも限りがあります。

本来は、三本目の矢である成長戦略の中に、あるいはその延長線上に、地方創生が位置付けられていたのだと思います。つまり、地方創生を中心とした成長戦略も含めての政策こそが、日本復活のための処方箋なのです。

ところが、残念なことに、政治家も、メディアや国民も、「地方創生」は、与党側のスローガンの一種であって、必ずしも日本全体を甦らせるような政策ではないと捉えているフシがあります。だから日銀の政策や株価の上下ばかりが、議論の対象になるのです。「成長戦略が必要だ」「地方を何とかせねば」という声は常にあるのですが、その先の具体論になると、急に興味を失う人が多いのです。

地方からの革命を

株価が上がったのはいいことです。しかし、日経平均株価は東証一部上場の約二千社のうち、わずか二百二十五社を抽出したものに過ぎません。もちろん、ある程度は上場している企業全体の業績を反映しているでしょうが、全てではありません。ましてや、日本の雇用の七割を占める中小企業の状況を示しているわけではない。だからこそ「実感が無い」という国民が数多くいるのです。

だとすれば、やはり私たちはそろそろ次のことを前提とすべきなのです。

国主導の金融政策、財政出動のみで地方が甦ることはない。
地方が甦ることなくして、日本が甦ることはない。
本気で日本を甦らせるためには、新しい動きを地方から起こさなくてはならない。
地方から革命を起こさずして、日本が変わることはない。

これは決して勇ましいスローガンでもなければ、夢物語でもありません。明治維新は地方の志士たちによって成就したのであって、江戸幕府の成し遂げたものではありません。戦後の日本は、アメリカによって大きく変わりましたが、それ以外の歴史を見た場合には、大きな動きは地方から始まっていることのほうが多いのです。だから、地方から国を変えていくというのは、決して現実味のない話ではありません。また、どうか誤解なさらないで欲しいのは、問題そのものは深刻であるとしても、解決のためのプロセスは決して暗いものではない、ということです。本書では、すでに先進的に問題解決に取り組み、成果を挙げた自治体などの例もご紹介します。

私が大臣になってからお目にかかることのできた、そうした先駆者、挑戦者たちはみんな明るい表情をしていました。彼らのストーリーは、聞いているだけでも夢のあるものです。

こうしたストーリーを共有する方や組織が、地方に増えれば、必ずや日本列島全体が変わっていくことでしょう。

2　地方創生は日本消滅を回避するための道である

バラマキではない

「地方創生」という言葉は、おかげさまでかなり世の中に広まりました。意地の悪いメディアは、「しょせんは自民党が地方のご機嫌を取って、選挙対策でやっているのだ」という論調で取り上げることもあるようです。簡単に言えば、バラマキ政策の新しい名称に過ぎない、という見方です。これは私が大臣を務め始めてから退任し、現在に至るまで変わりません。

しかし、私たちは選挙対策などといった、つまらないレベルでこの政策を進めてきたわけではありません。

では、地方創生とは何か。

私は、明治以来連綿と続いてきた中央と地方との関係を根底から変えるものであるべきだと考えています。つまり日本国のあり方を根底から変えるもの、単なる地方の振興策に留まるものではなく、日本のあり方を変えて、この国が何とか二十一世紀も続いていけるようにするためのものだと私は考えています。

たしかに、過去にも似たような地方活性化策はあったではないかということは、よく指摘されます。

私は昭和三十二年生まれで、議員生活はもう三十年を超えました。私が高校生だった昭和四十七〜四十八年頃流行語になったのが、田中角栄首相の「日本列島改造論」です。同名の著書はベストセラーにもなりました。

三井銀行に就職し、勤め人となった昭和五十年代前半頃には、大平正芳首相の「田園都市国家構想」がありました。

都市に田園の潤いを、田園に都市の賑わいを——がキャッチフレーズの非常に哲学的な匂いのする構想だったと記憶しています。

私が当選一回目、平成に入って間もない頃には竹下登内閣の「ふるさと創生」というものがありました。各自治体に一億円の「ふるさと創生基金」を交付するというやり方には、さまざまな批判が寄せられたものです。

そもそも、国会議員は地域の代表ではなく、国民全体の代表であるべきだ、というのが建前ではあります。しかし、そのような建前と現実との間には距離があったのも事実でしょう。

これまでいろいろな選挙を見てきましたが、たとえ国政選挙の候補者であっても地域の振興を訴えない者はおりません。

そうした声の影響もあり、これまでにも歴代内閣において、地方の再生をはかる構想があったのは事実です。だから、今回の「地方創生」はそれとどこが違うのか、同工異曲ではないのか、といったご懸念や批判の声が挙がるのもよく理解できます。

危機感と目標

そうした疑問にどう答えるか。

私はまず第一に、「危機感が違う」と申し上げています。「日本列島改造論」「田園都市国家構想」「ふるさと創生」のいずれもそれなりに卓見であり、優れた構想だったとは思います。しかし、「これをやらなければ、国家のサステナビリティがなくなる」という危機感があったかといえば、そこまでのものではなかったように思います。すなわち「この政策を実行しなければ、日本国そのものが維持できない」という危機感、それが今回の地方創生の取り組みの根本にあります。

もう一つは、人口の問題について一億人を目途として取り組むのだということを政府が長期ビジョンの中で明らかにしているという点です。この目標は、過去の取り組みと大きく異なる点です。

おそらく一九七〇年代だったと思いますが、毎日新聞の一面トップに「これから先、日本は人口を抑制していかなければならない」という記事が出たことがありました。私はこの記事を鮮烈に覚えています。

実際に、一時期まで、「日本は人口が増え過ぎなので抑制しなくては」という考え方があったのです。背景には、狭い国土に人間ばかりが増えることへの危機感がありました。

しかし、今はまったく逆になっています。

この人口問題に取り組むという姿勢が明確なのも、過去のものとの違いです。

さらに、中央と地方との関係を根幹から変えるという点が大きな違いです。

この三つの点から「地方創生」は、過去のものとは根本的に異なる取り組みなのです。

二〇六〇年に一億人に

こうした考えのもとに、二〇一四年の総選挙直前に成立したのが「まち・ひと・しごと創生法」でした。そのポイントの一つは、国の定めた長期ビジョンです。ここでは「二〇六〇年に一億人程度の人口を確保する」ということを明確に示しました。

二〇六〇年とはまた随分先の話だ、と思われるかもしれません。しかし、国内の人口はしばらく減り続けます。これはどうにもなりません。あらゆる政策を実行して、必死で頑張って、出生率を一・六〜一・八に上げたところで、それで生まれた方々がさらに子どもを作るには二十年以上はかかるのです。

ですから、しばらくの間、人口が減り続けることを前提とせざるをえません。

現実的な数字として、今から出生率を改善していった場合に目指すべき数字が、二〇六〇年に一億人、ということになるのです。これを長期ビジョンの中に明記しました。

このような方向性については、「戦前のようだ」と批判する向きもあるかもしれません。

「子どもを産もうが産むまいが、国民の自由です。大きなお世話。そんなことに国家が関与するのは、戦前の富国強兵を連想させます」という批判です。しかし誤解していただきたくないのですが、かつてのような、国家による「産めよ増やせよ」を押しつけようというつもりは全くありません。

個人の自由として、結婚しない自由も、産まない自由も当然あります。そこに国家が干渉することはあってはなりません。

しかし一方で、「できれば結婚して、子どもが二人くらいは欲しいね」と考えている国民も多くいるわけです。二〇一四年に内閣府が二十代から三十代の男女を対象に行った「結婚・家族形成に関する意識調査」という調査があります。これによると、未婚の方の六割以上は、「できれば結婚したい」と考えているそうです。また、将来欲しい子どもの数は「二人」と答えた人が最多でした。

ともすれば「結婚をわずらわしいと思っている若者が増えた」とか「男性が草食化している」といった話を耳にすることが多いのですが、実際にはそういう人ばかりではなく、「結婚して子ども二人は作りたい」という希望を持つ人は依然として多いのです。

そうした希望があるにもかかわらず、何らかの事情で諦めている方、躊躇している方が数多くいます。だからこそ出生率が下がり続けているという面がある。

それならば、そうした方々に対して政府や自治体が最大限の支援をしていく。希望を叶えるのを邪魔している阻害要因はできる限り取り除く。そのことが日本にとってもプラスになる、という考え方です。

『地方消滅』の衝撃

この人口問題に関する議論が本格化したのは、「革命は地方から起きる」でも触れた増田寛也氏の、『地方消滅』のもとになった論文がきっかけでした。それは、「中央公論」二〇一三年十二月号に掲載された「2040年、地方消滅。『極点社会』が到来する」（増田寛也＋人口減少問題研究会）というショッキングなタイトルの論文。その中味は、あまりに衝撃的で、私は手にしたその晩のうちに何度も読み返したほどです。

論文の本質、言わんとするところは、二〇四〇年に、全国のすべての市町村の二十代～三十代の女性がどれだけ減るかを考えないと日本は大変なことになる、ということです。もちろん十代、四十代で出産する方もいますが、出産の主な年齢は二十代～三十代です。そうであるならば、このままの推移が続くとどうなるか、ということを調べてみたのが増田レポートでした。

たとえば私の地元、鳥取県で見ると、若桜町という町では二〇四〇年にその年齢層の女性が二〇一〇年に比べて七二・四パーセント減ることになっている。現在の四分の一に減るのです。その他の市町村も似たようなものです。

それでは市、町、村がもはや持たない、サステナブルではない、と言わざるをえません。そういう自治体を増田氏は「消滅可能性自治体」と呼びました。

だからこの状況を何とかしなくてはいけない、というのが論文の主旨でした。この問題意識を踏まえ、政府は国全体としての大きな目標である「人口減少問題の克服」に関して、国民の希望が実現した場合の出生率（国民希望出生率）を一・八にまで引き上げたいという展望を示しています。

自治体の努力義務

この長期ビジョンの希望出生率の目標とは別に、国の総合戦略というものも定めました。これは二〇一五年～二〇一九年の五カ年の政策目標・施策です。

ただ、「まち・ひと・しごと創生法」の眼目はそこにはありません。国が何か目標を設定して、「黙って俺についてこい」では、これまでと同じことになってしまいます。

あくまでも主役はそれぞれの地方であるというのが基本です。ですから、政府の掲げた目標に対応してすべての都道府県、すべての市町村に対して、地方版の総合戦略を定めるということを、努力義務として定めさせていただきました。これはこの手の法律ではかなり異例のことです。

そういう計画を作ることを強制はできませんので、努力義務として盛り込むことにしたのです。地方版の総合戦略とは、各地方の人口動態などを踏まえて作成する二〇一九年までの施策のことです。

これを二〇一五年末までにすべての自治体に作ってください、と法律上定めました。なぜそのような計画が必要なのか、それをなぜ地方が独自に作らねばならないのかについては、後述いたします。

東京の危険性

東京一極集中については、もちろん集中のメリットはあるのでしょう。しかし、現状は過度の集中になっているのではないかと考えています。

国交省の資料で紹介されているデータですが、ドイツの保険会社（ミュンヘン再保険会社）が、自然災害のリスクを世界主要都市で算出したところ、東京（・横浜）がダントツで危険だという結果になっています。二位がサンフランシスコで以下、ロサンゼルス、大阪（・京都・神戸）と続きます。

なぜ東京がそこまで危険だと見られているか。首都直下型地震という災害発生の可能性が極めて高い。そして、木造密集住宅が多い。これは上空から見れば一目瞭然です。

さらに地下の深いところにたくさんの鉄道が走っていて、多くの人が乗っている。

こうした状況を分析したうえで「もっとも危険」とされているわけです。一極集中の問題点というのは、必ずしも「東京が一人勝ちだから不公平だ」という単純な話ではありません。一極集中は、東京にとっても大きなデメリットなのです。

その点を理解すれば、「地方創生」は、単純に東京の富を地方に移すという話ではなく、東京をより安全安心で活気ある街にすることにもつながる話だということがおわかりいただけることでしょう。

つまり地方創生は、東京のヴァージョンアップや強化でもあるのです。地方と都市、双方にメリットがあるような道筋を考えていくべきでしょう。

東京の衰退

別の視点から考えても、地方創生は東京の問題と直結しています。

日本の経済を論じる際に、パナソニック、トヨタ等、誰でも知っている大企業に目が向きやすいのですが、先ほども申し上げた通り、それら大企業の関係企業で働いている人は、全体の三割程度。残りはいわゆる中小企業とローカル経済が支えているわけです。

また、地方では企業や公共事業の減少から雇用が減った分、人材が医療や介護の分野に流れています。それ自体は、当然のことでしょう。超高齢化が進み、介護や医療を必要とする人口が増している、要はニーズが増大しているから、供給も増えているわけです。

しかし、問題はその状態はそう長くは続かないという点です。団塊の世代の人たちが、いずれは亡くなります。その時から高齢者の実数は激減します。すると、それまで医療や介護にあったニーズが減るわけですから、当然、そこで働く人たちの雇用の場も一気に失われてしまいます。

東京は地方に比べて高齢化の進度が十年～十五年遅れています。そのため、地方で高齢者が減ったあとも、東京にはまだ多く高齢者がいるということになるでしょう。そこでまた「働くなら東京だ」ということで、若い医療、介護関係者が東京に集中する。そういう形での人口集中は必然的に起こります。

しかし、その東京の出生率は現状のままだと日本一低いのですから、結局は地方と同じ状態になります。何のことはない、時間差で東京も衰退するわけです。要は日本が衰退する。

この流れを今止めないでどうするのか。

これが「地方創生」のもとにある危機感なのです。

3　補助金と企業誘致の時代は終わった

地方が元気だった時代

私の同世代の方ならばご記憶でしょう。地方が元気だった時代というのが、かつて日本には確かに存在していました。昭和四十年代の半ばから五十年代の半ばにかけて、大阪万博や札幌五輪があった頃です。映画『ＡＬＷＡＹＳ　三丁目の夕日』の舞台が昭和三十年代ですから、それよりも少し後です。

その頃、我が国は昭和三十九年に東京五輪を開催し、昭和四十五年に大阪万博を開催し、昭和四十七年には札幌五輪を開催しました。これは考えてみれば凄いことで、敗戦後そう時間も経っていないにもかかわらず、たった八年の間に世界的なイベントを三回行ったことになります。

その頃、まだ新幹線は東海道新幹線くらいしか走っていません。高速道路も名神、東名くらいしかなかった。

飛行機も、東京―大阪間など一部の路線を飛んでいるだけでした。子どもの頃は、「一生に一度でいいから飛行機に乗ってみたい」と思ったものです。LCC（格安航空会社）などというものは存在せず、飛行機は高嶺の花でした。

新幹線もなく、高速道路網もなく、飛行機も飛んでいない――それにもかかわらず、あの時代、地方は確かに元気だったのです。

駅前は人でにぎわっていました。シャッターを下ろした商店なんてほとんどありませんでした。観光地は大賑わいでした。農山漁村にも活気がありました。

それから約四十年。今はどうでしょうか。

日本国中にぎわっていたのに、日本国中同じように駅前は寂れ、商店街はよくて半分、悪いと八割がシャッターが閉まっているような状態。

なぜ四十年でこんなことになったのか。

なぜ四十年前はそんなに元気だったのか。

かつて地方に活気があった要因は主に二つあります。

一つは公共事業です。目に見えて道路、下水道、港湾が良くなり、高速道路や空港が作られる。そこには大きな雇用もありました。これがかつての地方の活況を支えていたのは言うまでもありません。

もちろん、今でも必要な公共事業は行うべきです。「コンクリートから人へ」などという安易な考え方を私は評価しません。適切な投資をすることで救われる人命があるのは確かだからです。必要な防災対策は常に進めなくてはなりません。公共建造物の耐用年数は五十年くらいですから、それへの修繕など対応もしなくてはなりません。

また、道路でも鉄道でもつながってこそ価値があるという面があります。「お金が苦しいから、道路建設を中断しよう」というのでは安易に過ぎます。道路がつながらず、あちこちコマギレでは経済効果が生まれません。必要なミッシングリンクを埋めることはしなければなりません。

しかし、公共事業で多くの雇用、所得を生むという手法がかつてのように有効ではないことは認識すべきです。そもそも国の借金が一千兆円ということから考えても、この手法には限界が来ているのです。

企業誘致型の限界

地方の活気を支えていたもう一つの要因は大企業でした。地方がこぞって企業を誘致し、結果として日本国中あちこちに、ナショナル、ホンダ、サンヨーといった大企業の工場が建ちました。それらは地元に雇用をもたらし、市場を形成し、多くの税金を納めてくれました。

今それらの土地はどうなっているか。選挙のたびに、日本全国あちこちに参ります。そこで目にするのは、広大な空き地です。これは何ですかと聞くと同じような答えが返ってきます。

「ここには昔、〇〇の工場があったんですよね」

アベノミクスによって、大胆な金融緩和が行われ、円はかつての極めて高い水準から下がってきました。では、海外に出た生産拠点が戻ってきたかといえば、リコーなど一部を除いては殆ど戻ってきていません。

輸出企業が高収益なのは、円安の効果で円換算すれば儲かっているということによるものです。

もちろん政府として、法人税を下げるとか、賃金を上げるといったことを促す努力はしていきますが、海外に生産拠点がある理由は、お客様がそこにいるから、という面が大きいことは理解する必要があります。

お客様は中国等アジアやインドにいるのだから、そこに近いところで作ったほうがいいと考えるのは企業としては当たり前です。とすれば、かつてのように企業が国内の地方に出ていって、また雇用を生むというのもかなり考えづらいことなのです。

「夢よもう一度」は無理

地方創生大臣をつとめている頃、国会では何度か「なぜ地方再生ではなく、創生なのか」という質問を受けました。

その答えを簡単に言えば、「夢よもう一度」という発想はもう通用しないからだ、ということになります。

公共事業も企業誘致も今でも効力が完全に失われたわけではありません。しかし、その効力が薄まってしまっていることから目をそむけてはなりません。

今まで公共事業と企業誘致で元気だったとしても、それらにもう一度頼るというのは難しいと考えるべきです。

ではどうするか。

これまで、それらの陰に隠れて実力を発揮してこなかった農業、漁業、林業、または観光等のサービス業、あるいは介護や医療といった業種の潜在力を発揮することで、地方を活性化させる。これが最適の方法です。

幸いなことに、こういった産業については、伸びしろがまだ相当あるのではないか、と考えています。

地方の活気を取り戻すことを目指すとしても、その際には「夢よもう一度」で旧来型の手法に頼ったのでは、成功はしません。一方で、一次産業やサービス産業などは、必ずしも本腰で取り組んできたとは言い難い。そうであるならば、こうした伸びしろのある分野に注力するべきでしょう。

だから私たちは「夢よもう一度」という響きのある「再生」ではなく、「創生」という言葉を用いているのです。

4　インバウンド頼みで観光を考えるべきではない

労働生産性を上げるという視点

これからの日本は、海外からの投資を呼び込むと同時に、労働生産性を上げていくことが不可欠です。労働生産性とは、ごく簡単に言えば、労働者一人が一時間に生み出す金額のこと。労働生産性が高い、ということは一時間あたりに多くの金額を生み出しているということですから、効率良く働いていることになります。

そもそも、日本の労働生産性は世界の中で高いほうとは言えません。何となく「日本人は勤勉に働いて、不況とはいえ、ちゃんと稼いでいる」というイメージを持っている方もいるかもしれませんが、実際にはそうでもないのです。たとえば、一人あたりの名目GDPを見た場合、日本は約三万六千ドルで二十六位。一位のルクセンブルク、二位のノルウェーあたりは、人口が少ないので単純に比較できないかもしれませんが、オーストラリア（五位、約六万一千ドル）、アメリカ（十位、約五万五千ドル）、ドイツ（十八位、約四万六千ドル）と比べても、かなり低いことは確かです（二〇一四年）。

業種別で見ても、サービス業の労働生産性はアメリカを一〇〇として見た場合、ドイツが八七・六、フランスが七六・二、イギリスが六七・九で日本は五三・九です（二〇一三年）。韓国の三六・三よりは良いとはいえ、自慢できる数字ではありません。なお、ここで言うサービス業とは、接客業のことだけではなく、「電力・ガス・水道」「建設」「卸売小売り」「飲食・宿泊」「運輸・倉庫」「金融・保険」を含んでいます。

この中でも「飲食・宿泊」の低さは顕著で、アメリカを一〇〇とした場合、二六・五です。かなり大雑把に言えば、アメリカ人が一時間で生み出す金額を、四時間かけて生み出しているということになります。

これらはすべて決して良いことではありませんが、この低さは「伸びしろ」を示しているとも考えられる、ともいえます。

地方の生産性はまだ伸ばせる

観光に関しては、別のデータも「伸びしろ」があることを示しています。二〇一三年に日本のＧＤＰに占める観光の割合は、一・九パーセントでした。同じ年の比較は難しいのですが、スペインは五・九パーセント（二〇〇八年）、オーストリアは五・五パーセント（二〇一一年）、ドイツは四・四パーセント（二〇一〇年）ですから、まだまだ伸ばしていくことは可能でしょうし、また伸ばしていくべきです。この数年で、海外からの観光客数が飛躍的に伸びていることは報道などでご存知のことと思います。二〇一六年には訪日外国人が二千万人を超えました。が、これで満足していてはいけないのだと思います。

日本国内での労働生産性を見てみると、ここでも自治体によって大きな差があることがわかります。二〇一二年のデータでは、一位の東京が千九十万円。対して最下位のわが地元、鳥取県は六百万円となっています。基本的に大都市がある自治体は高く、田舎のほうが低い傾向にあります。これもまた、地方には伸びしろがあることを示していると言えます。

そもそも現在、地方の観光業は人手不足の傾向もあるわけですから、生産性を上げていかざるをえないのです。具体的にどうするか。ごく単純な例で言えば、かつての旅館であれば、フロント専従、掃除専従、といった人がいました。しかし、ＩＴや電気機器の進化によって、いくつかの仕事は兼務も可能になっているとすれば、一人で何役かつとめることはそう難しくはない可能性があります。仮にこれまで二人でやっていた仕事を同じ勤務時間内に一人でこなせば、労働生産性は二倍になります。

その分、雇用を減らせということにはなりません。そもそも地方は人手不足ですから、これからはむしろ、生産性を上げないと回っていかないのです。

古い「代理店お任せモデル」

かつて三十年ほど前までの日本の旅館、ホテルには一つの定型的なビジネスモデルがありました。JTBなど大手旅行代理店に営業のかなりの部分をお任せして、あとは待つだけ、というものです。企業や団体に「一泊二日、温泉、飲み放題付き」のようなメニューを買ってもらうだけで儲かっていた。お客に提示するメニューもさほど工夫の必要はなかった。

どこの温泉旅館に行っても同じような料理が出てくるなあ、という感想を持った方も多いのではないでしょうか。実際、景気が良かった頃はこれで成り立っていたのです。

しかし、もはやそういう時代ではありません。消費者の価値観は多様化しています。

まだ私くらいの年齢であれば「社員旅行って楽しかったなあ」というノスタルジックな気持ちがあります。また、最近では社員旅行の価値を見直す、といった動きもないわけではないようです。

それでも大きな流れとしては国内の社員旅行をはじめとする団体旅行の減少傾向は変わらないでしょう。

そのような時代に、これまでと同じようなサービスを、変わらない陣容で提供しても先がないことは目に見えています。

かつての旅館と旅行業者の関係は、かつての農業者と農協との関係に似たものがあるかもしれません。多くの農業者は農協に作物をおろしたら、それでおしまい。旅館も旅行業者に営業を頼んだら、それでおしまい。それ以上の工夫を主体的にしなくてもビジネスが成立していた時代がありました。でも、それではもう通用しません。

顧客との直接の取引がなかったから、顧客の細かいニーズに応えた多様なサービスを考えなかったという面があるのではないでしょうか。だとすれば、それはまた間違いなく「伸びしろ」です。「そんなことはない、いつも顧客のために工夫してきた」という旅館ももちろんあるでしょうし、それならばとても素晴らしいことです。

しかし、意外なほど旧いビジネスモデルから脱却できていない旅館、ホテル、観光地が多く残っているのも事実です。ここでは「よそ者」の視点でチェックすることが求められていると思います。

外国人観光客に対しては、それぞれ別の工夫が必要になるでしょう。特定の地域の人を呼び込もうと考えたら、それに対応する策が必要になります。その国の言葉を話せる人を増やしたり、宗教的戒律を踏まえての食事メニューを考えたり、といったことをしなければなりません。

これもまた、これからの課題であり、伸びしろであると考えられます。

神奈川県秦野市に「鶴巻温泉　元湯　陣屋」という由緒正しい旅館があります。明治天皇がお泊りになられたという部屋があり、また名棋士たちの数々のタイトル戦が行われることでも有名な、一万坪の美しい日本庭園を誇る宿です。しかしこの宿も、リーマンショックの頃に深刻な倒産の危機に見舞われたのです。

これを立て直したのが、現社長の宮崎富夫さんでした。宮崎社長はもともと本田技研のエンジニア。もちろん、旅館経営には全くの素人でした。しかし彼は世界企業たるメーカーの視点とエンジニアの発想を持っていました。彼の目からすると、当時の陣屋の経営には多くの問題点がありました。

そこで彼は、顧客満足度の向上と経費の節減を目標に、なんと自ら開発したＩＴシステムを導入します。そしてスタッフの業務の効率化を図り、浮いた時間で徹底的にお客様と接し顧客ニーズをつかんできめ細かいサービスにつなげるとともに、スタッフの給与アップも実現します。さらに残される食事を分析し、多くのお客様が残すものは出さない、その分他の食材を豪華にする、といった工夫を積み重ねました。

結果、陣屋はたった六年間でその売り上げを六割伸ばすことに成功したのです。これは「新しい視点」による改革の見事な成功例です。

インバウンド頼みではいけない

二〇一五年は、海外からの観光客が増加し、「爆買い」「インバウンド（訪日外国人旅行）」といった言葉が流行語になりました。旅行業、サービス業にとって、インバウンドが大きな可能性を持つ存在なのは間違いありません。観光業界にとって、外国人旅行客は救世主的な存在になりつつあります。二〇一五年、箱根山の噴火で一時期観光客が激減した箱根も、それまであまり力を入れていなかった外国人観光客の誘致を積極的に行ったことで、苦境を脱したそうです。

政府としても、外国人観光客はまだまだ増やしていけると見ていますし、そのための施策を打ち出していきますから、今後も増加傾向は続くでしょう。

ただ一方で、インバウンドにのみ過大な期待を抱くことは避けるべきだと思います。というのも、実はどんなにインバウンドを増やしたところで、旅行産業全体に占める売り上げの二〇パーセントくらいまでが限度だと見られているからです。しかも、中国の景気や為替の動向次第ですぐにまた減少することも十分ありえます。

もちろん、欧米からの旅行者を増やせれば、その分でカバーできるかもしれませんが、それもまた何らかの要因で減少するリスクは常にあるわけです。

これからも海外からのお客様をもてなしていくための努力は続けるにしても、国内の需要も高めていかねばなりません。こちらのほうが安定的な需要なのですから、日本人の旅行を増やすことが王道です。インバウンドが持て囃される一方で、日本人の旅行者数はほとんど増えていません。それについてもまだまだ工夫の余地は残っていると思います。

この点で、注目すべき存在の一つは星野リゾートでしょう。同社の経営する宿泊施設は、海外からの旅行客や団体旅行を主なターゲットとしていません。そして、宿泊料金は決して安いとは言えません。場合によっては、旅行代理店のパックツアーの数倍かかることもあるでしょう。

それでも多くの日本人の旅行者がそこに宿泊し、そしてリピーターとなっているのです。安易に安売りに走るのではなく、一級のサービスを提供して、相応の料金を払ってもらう。このようなビジネスのあり方には学ぶところが多くあるように思います。

「ななつ星」に乗って

ＪＲ九州の「ななつ星in九州」に、同社会長の唐池恒二さん、「ななつ星」のデザイナーである水戸岡鋭治さんと一緒に乗る機会がありました。ご存知の方も多いでしょうが、「ななつ星」は、九州を一泊二日や三泊四日で回る豪華寝台列車です。

一流ホテルと比較しても遜色のない客車、ダイニングルームは見るだけでほれぼれする出来栄えです。その豪華さや価格設定がスタート時から大変な話題を呼び、今でも予約があっという間に埋まる人気を誇っています。車内の食事は、地元九州の素材を使った創作和食やフレンチ。最高金額の部屋に乗れば、三泊四日で百万円近くかかるのですが、それでもすぐに売れてしまうのですから凄いことです。何でも、旅を終えた人の多くが、感動で涙を流すのだそうです。

残念ながら、テレビ取材の一環で数時間のみでしたが、乗車中は鉄道ファンとして至福の時間を過ごせました。その乗車中、三人で焼酎を飲みながら、あれこれ話したものですが、その時、唐池さんが、しみじみと仰《おっしゃ》っていた言葉が非常に印象的でした。

「石破さん、日本語が通じて、日本の習慣が通じる素晴らしいところがいっぱいあるのに、なぜそれをみんな売りにしないんでしょうね」

本当にその通りだと思います。

ＪＲ九州のリゾートトレインは、水戸岡さんの方針もあって、がんばっている土地にしか列車を止めないようにしているそうです。がんばって町おこしをしている、がんばって特産品を売ろうとしている、がんばって人を呼ぼうとしている、そういうところに列車を止めるというのです。

決まりきった観光地以外にも、素晴らしい土地はいくらでもあります。その中で、前向きに努力しているまちに「ななつ星」が止まる。そのおかげで、観光が活性化する。実際にそういうことが起きているのです。

日本人を取り込むには、「アジアや欧米、アフリカもいいけれど、気楽に行けるところ、身近なところでこんなにいいところが日本にはありますよ」ということをもっとアピールしなければなりません。そして、別に大げさなことを言わなくても、本当に素晴らしいところは多くあるのです。

ただ、それを私たち日本人が知らないだけです。たとえば西日本の人間は、東北、北陸のことを知らない。逆に東日本の人は今でも島根と鳥取の区別がつかない、というのがふつうでしょう。そういう人たちにこれまでよく知らなかった地方の魅力を伝える時に、有機的に機能することを期待されているのが、鉄道やバスといった交通事業ではないかと思います。「ななつ星」はその模範生のような存在です。

他のＪＲ各社もその成功に刺激されて、次々と新しい豪華寝台車などを開発しています。これはとても良い動きだと思います。

Ａ級グルメを目指す町

ここで注意しておきたいのは、「町おこし」という時にセットのように語られる「ゆるキャラ」「Ｂ級グルメ」のことです。たしかに「くまモン」や「ふなっしー」、あるいは「富士宮やきそば」のような成功例に見られる通り、そうしたアプローチも時に有効でしょう。しかし、どこもかしこもがそういうやり方をする必要はないように思います。「ななつ星」が想定している、がんばっている土地というのも、そういうものではありません。

私が面白いと思ったのは、島根県邑南《おおなん》町の取り組みです。広島県との県境にある人口一万人ほどのこの町は、「ウチはA級グルメしかやりません」と宣言。

「本町の生産者が真心・愛情をこめて手間ひまかけてこだわって作った食材だけを使い、料理人が食材へのこだわりと愛情を持って調理・提供することによってお客様に感動を与え、また町民に地域に根ざした農業や食に対して抱く愛着・誇り・自負心を生み出す取り組みを称して、『A級グルメ』としています」

という考えを示していました（同町観光協会HPより・二〇一七年時点）。

石橋良治町長は地元の出身で、京都の大学で学び、都会で物流の仕事をしていたところ、ある時請われて町議会議員になり、そして町長になった、という経歴の持ち主です。彼の考え方は、「B級グルメをやっても地方同士の潰しあいになるだけだ。B級グルメはどこででも作れるものだ」というものでした。

そもそもヨーロッパを見てみれば、一番いいレストランがパリにあるとは限らない。産地に近い地方に名店が多くあります。そこにわざわざ車で出かける人のために「ミシュラン」のガイドブックが生まれたのです。タイヤメーカーのミシュランがグルメガイドを作ったのはそういう背景があるのです。

「少々高い金を払ってでも行って食べたい」

そう思わせるものを邑南町で提供したい、というのが町長の考えです。

地元の産品を活かしたレストランをやろう、そのために素材の魅力を活かすのならば、フレンチよりもイタリアンのほうがいい。そう考えて、山形でやはり素材を活かした料理で高い評価を得ている「アル・ケッチァーノ」のシェフである奥田政行さんに協力を仰いで、「里山イタリアン　AJIKURA」という店を開きました。私も現地まで出向きましたが、実に美味しい料理が堪能できました。

メリットは産地に近いことだけではなく、土地代が格安だということです。東京なら二万円は必要な料理が、ここならば一万円くらいで食べられる。ディナーで一番安いコースは、何と二人で六千円です。これなら飛行機の早期予約割引のようなサービスを使えば、そう大差ない出費で美味しいものが味わえるというわけです。

実際には、さすがに東京から飛行機で来るお客さんは多くないようですが、高速道路を使って、広島など周辺の都市から多くのお客さんが来ているそうです。

「ゆるキャラ」も「B級グルメ」も、時に有効ではあるものの、それらの中での「勝ち組」はごくごく限られているように感じます。「ゆるキャラ」の成功条件は、「丸いこと」と「要素を詰め込みすぎないこと」だそうですが、そうしたことを考えて、計算し尽くして作っても、ヒットするのはほんの一部ですし、そのグッズが売れたからといって、それだけでまちに人が来るわけではありません。

そうしたやり方とは別のアプローチをして成功している地域はいくつもあります。その共通点は、「ここにしかない」「ここでしか経験できない」「今しかない」ものは何かといったことをつきつめて考えているということではないでしょうか。これを「今だけ、ここだけ、あなただけ」と言っていますが、観光産業の一つのキーワードだと思います。

地域連携によるプラス効果を

これからの国内観光を考える上では、DMOの取り組みも進めていく必要があります。

これは「観光広域連携（Destination Marketing/Management Organization）」という意味で

す。簡単に言えば、これまで県など自治体単位で考えがちだった観光を、もっと広い単位、「地域」で捉えることによって、より魅力のある観光サービスを提供し、ビジネスチャンスを広げるための組織を作ろう、ということです。

ご自身が旅行なさる際のことを考えてみていただければわかりやすいでしょう。どこかの県のあるお寺を見に行きたい、というのが旅のきっかけだとします。その場合、コースを考えるために、パンフレットを取り寄せたり、ガイドブックを見たり、あるいは観光協会のホームページを見たりします。

しかし、多くの場合、それらは「県」単位で情報が区切られています。そのため、隣の県、さらにその隣の県に行くのが容易であっても、そうしたルートはあまり提案されないのです。

ここでもしも、自治体の壁を超えた提案をすることができれば、二泊三日の予定が、「じゃあついでにそっちにも行こう」となり、三泊四日になるかもしれません。つまりそれだけ地域にお金を落としてもらえるということになります。

このように自治体横断的な観光の中核となる組織がＤＭＯです。観光庁が進めており、組織を作る場合には、国からの補助金も出ます。

そんなプランは、旅行代理店がパックツアーという形で組んでくれているのでは、と思われるでしょうか。確かに、パックツアーにはそうした機能が期待できる面もあります。しかし、どうしてもツアーの場合は、総花的なプランになりがちです。

お寺を見に行きたい人は、いくら観光名所でも近所にある高層タワーやアウトレット・モールにはあまり興味は無いでしょう。ところが、ツアーの場合は、どうしてもその近所にある名所を順に巡ることになってしまう。すると、お寺好きの人にとっては、要らない立ち寄り先が多くなる。そのくらいなら、ちょっと先の他県の別のお寺を見たいのではないでしょうか。

もちろん、今は旅行代理店も細かいニーズに応えられるように様々なプラン、サービスを提供していますし、オーダーメイドの個人旅行も増えています。しかし、地元の側から積極的に情報やプランを提供することで、長期滞在客やリピーターを増やすことができるのではないでしょうか。

すでに国内のDMOでは瀬戸内海に面した七つの県（兵庫、岡山、広島、山口、徳島、香川、愛媛）による「一般社団法人　せとうち観光推進機構」が設立されています。前身となる「瀬戸内ブランド推進連合」が発足したのは二〇一三年で、連携してのブランド強化によって、地域への関心が高まっている手応えを感じての設立だそうです。

休日の分散化の可能性

また、法律改正も必要なので、いささか大仕掛けな話になるのですが、個人的には連休を分散化することも検討してよいのではないかと考えています。

現在のように、日本中が一斉に年末年始、ゴールデンウィークに長期間休むという現行のシステムは、いいところもあるとはいえ、デメリットも大きいのではないかと思うのです。これらを分散化すれば、旅行に行きやすくなるという面はあるでしょうし、受け入れる側にとっても効率が良い、ということは生産性が上がることになります。

また、受け入れる観光業者の方からしても、お客が一時期に集中するよりは、そのほうがありがたいはずです。実際には祝日法の改正などが必要なので、そう簡単な話ではないのですが、検討の余地はあるように考えています。

不思議なことに、リタイアされた高齢者の方々でも、なぜか休日に動く、という現象が見られるそうです。孫と一緒に旅行したい、という事情もあるのかもしれません。それならば、家族旅行を理由に年間何日かの休みを学校に認めさせる、といった方策も考えられます。

こういう話を「無理だ」「ホラだ」と言うのは簡単です。もちろんすぐに実行できるかどうかはわかりません。しかし、そんなことも含めてアイディアを出しあうことが大切なのではないか、と思います。すぐにできること、誰もが納得できることは、すでに実行されているのではないでしょうか。

今ではすっかりおなじみになった「ふるさと納税」も、構想が語られ始めた頃には、賛否両論でしたし、「できっこない」といった意見も多かったのです。「根本的な地方活性化策にはならない」といった声もありました。

しかし、実際にやってみれば、多くの自治体が知恵を絞って、村や市の魅力を訴えています。思い切ったアイディアを簡単に否定するのではなく、前向きに考える癖をつけていくことが大切なのではないでしょうか。

民泊はリスクも考慮しながら

海外からの観光客が増える中で、俄かに注目を集めるようになったのが、民泊です。

東京、大阪、名古屋といった大都市圏では常にホテルが満室状態。しかも、安い宿はあまり多くない。これでは、せっかくの外国人観光客を逃しかねませんし、また日本人の旅行者やビジネスマンにとっても不都合です。

そこで空き家やマンションの空き室を貸し出す民泊を今よりもやりやすくしよう、という声が強まりました。民間人が民間人に自由に滞在先を貸し出せればいいではないか、という発想です。ホテルを新設するにはコストも時間もかかりますし、さらに将来までこのような満室状態が続くかどうかはわからない。それならば空いているスペースを有効活用すればいい、というのが民泊の基本的な発想です。二〇一七年中には、民泊新法が成立する見通しとなっています。

なぜわざわざ新法が必要なのかと言えば、旅館業法では多くの規制がかけられていて、不特定多数の人に宿泊先を提供するビジネスへの参入はかなり難しいからです。たとえば、ホテルや旅館には必ず「フロント」が必要だとされています。普通のマンションや一戸建てはこの段階で、資格を失うわけです。他にも消防設備や立地に関するものなど、多くの規制があります。

ここで、「あれ?　でも、外国人がアパートを借りることは普通に行なわれているんだから、それと同じように部屋を貸せばいいのでは」と思う方もいるかもしれません。

ウイークリーマンションのようなビジネスは、長期滞在を前提として、旅館業法ではなく借地借家法などの範疇となっています。

しかし、多くの旅行者は一カ所に一週間以上滞在するわけではありません。使い勝手を考えれば、やはり一泊から利用可能な宿が欲しいところでしょう。

このように考えれば、民泊の推進には必然性があると考えられます。すでに大田区は羽田空港があることもあって、特区として試験的に民泊を可能にしています。

ただし、今後広めていくにあたって、そのリスクを十分に考慮する必要はあります。特に地域との共存は不可欠でしょう。近所に突然不特定多数の外国人が出入りするようになったら、不安を抱く人がいても不思議はありません。

そのため新法では、地域住民の賛成や、日数の制限（年間百八十日以内）といった規制を設けることにしています。地域に来てくれる人が増えれば、そこでの消費も増えるのですから、頭から拒否するのは論外ですが、行政の立場からは、最も悪意のある人が何をするのか、という点についても考えなくてはなりませんから、一定の規制をかけるのは当然でしょう。

それでもなお、犯罪、テロの可能性まで含めて不安を抱く方もいるかとは思います。

しかし、現実の問題としては規制をより厳しくして、民泊を禁止にしてしまっても、ネットの発達した現代においては、単にヤミの民泊を増やす可能性が高いのではないかと考えられます。実際に、すでにそうした行為は行われています。

そう考えると、一定の規制をかけながら、民泊もまた観光力を増すための武器の一つとして活用するように考えたほうがいいのではないでしょうか。

5　里帰りにどれだけ魅力を付加するか

男は地元に帰りたい

「実は地方に住みたい」

東京には、そう考えている人が非常に多いようです。

ある調査によれば、五十代の男性の五割は地方に移り住みたいと考えている。ただし、女性のほうが三割。ここが困りもので、「行きたければどうぞ、あなた一人で」と奥さんに言われて、悲しい思いをしている男性も多いようです。いささか切ない話ですね。

この差は、女性のほうが今いる地域に溶け込んでいるからだそうです。

また興味深いのは、十代、二十代も四割以上が「地方に移住したい」と考えているということです。しかし実際にそうなっていないのは、働き口がない、日常生活の不便、交通機関の不便が理由となっています。

そのニーズを考えた時に、一次産業や観光業などが受け皿になる可能性は高いでしょうが、それ以外の産業でも十分可能性はあります。

ニンジン作戦ではダメ

現在、地方では特に人手不足の問題が深刻になっています。これは団塊の世代が大量にリタイアしたからですが、望むような所得や勤務形態を与えられるようにすれば、地方では必ず雇用が増えるはずです。

移住希望地を聞いたランキング（『田舎暮らしの本』二〇一五年二月号〈宝島社〉）によると、移住したい町一位は島根県大田市、二位は鳥取県鳥取市だそうです。

特に全国的に有名な町でもないのにこういう結果が出ているということは、要は自治体のアピール、努力次第だということです。「来てください」ということをどれだけ発信するかにかかわっています。その際、一番ダメなのは、「来たら百万円あげます」といったニンジンをぶら下げるやり方でしょう。それでは金の切れ目が縁の切れ目。お金がなくなったらいなくなってしまいます。

地方への移住を進める策として、政府は、すでに「全国移住ナビ」というサイトを作りました。簡単に言えば、移住版「ぐるなび」のようなものです。自分に適した移住先について「仕事から」「住まいから」「生活環境・交通から」「体験談から」「こだわり観光情報から」検索することができます。また、移住者を求めている自治体からの情報も提供されています。

興味のある方はサイトをご覧になってみてください。

また、これに関連して「移住・交流情報ガーデン」という相談所も東京駅近くに開設しました。こちらに立ち寄っていただいても、いろいろな情報は得られるでしょう。

いずれにしても「移住」という方法には大きな可能性があると考えています。唱歌の「故郷」には、「志を果たしていつの日にか帰らん」という一節があります。たしかにそれでもいいのですが、「志を果たしに」帰るという選択肢があってもいいように思います。

ともすれば、「志半ばに田舎に帰る」ことを「負け」のように捉える風潮が続いていた気がします。しかし、そうではない考え方がもっと広まってもいいのではないでしょうか。

心強いことに、最近では「移住女子」といった方も増えているようです。まだ若くて働き盛りの年齢でありながら、地方に移住することを選択した女性たちです。ネットのおかげで、さまざまな地方に移住した女性たちの横のつながりもあり、二〇一五年に開催された「全国移住女子サミット」なるイベントには私も呼んでいただきました。こちらも、ネットで検索すると、「移住女子」たちの魅力的な生活ぶりが紹介されています。また、『移住女子』（新潮社）という本も刊行されました。興味のある方は、こうしたものを参考になさってはいかがでしょうか。

東京圏高齢化危機回避戦略

二〇一五年、「日本創生会議」が、「地方消滅」に続いて、地方への移住を勧める提言を出しました。これはかなり話題になって新聞やテレビで報道されたので、それを目にされた方もいらっしゃることと思います。ただ、必ずしもその全体像がきちんと伝えられていなかったようにも思えます。「東京圏高齢化危機回避戦略」（以下、「回避戦略」）と題された提言の内容を簡単にまとめると、次のようになります。

まず、東京圏（一都三県）の高齢化については、次のようにシミュレーションをしています。

・今後、東京圏は急速に高齢化し、後期高齢者が十年間で百七十五万人増える。これは全国の三分の一にあたる。
・千葉、埼玉、神奈川の方が東京都よりも高齢化率は高くなる（東京二五・二パーセント、千葉三〇・〇パーセント、埼玉二八・四パーセント、神奈川二七・二パーセント）。後期高齢者増加率も同様に周辺県の方が高い。
・これは高年齢層が東京から周辺県に転出していることも影響している。

それでは、このように急増した際に、東京圏の医療・介護はどうなるのか。当然、その需要も急増します。提言によれば、二〇二五年の東京圏介護需要は東京で三八パーセント、三県はいずれも五〇パーセント前後増えると見られています。これは全国平均（三二パーセント）よりもかなり高い。

当然、こうなると介護施設やそこで働く人は不足する可能性が高く、「高齢者が奪い合う」事態が想定される、と分析しています。

また、そこに需要があれば当然、人材はまたこの地域に流入してきます。地方から若い人たちが都市圏にやってくるわけですから、当然、これはまた「地方消滅」を加速させることにもなります。

以上が、「回避戦略」にある二〇二五年の未来図です。

東京に大量の医療・介護関連の人材が流入しても、需給のバランスがとれていればいいのではないか、東京も人口が減るというのだから、と考える方もいるかもしれません。しかし、事はそう単純ではありません。

また、高齢化「率」にばかり目を囚われると、実態を見誤ります。「率」も重要ですが、高齢者「数」を見なければいけません。東京の場合、「率」はさほど高くなくても、母数（人口）が多いので、「数」は膨大です。昭和三十年〜四十五年のたった十五年間で、五百万人もの人が地方から東京に移住してきました。昭和三十年に集団就職で十五歳で東京にやってきた人は、今年七十七歳。この人たちが高齢化するのだから、人類の経験したことがない状況が東京に生じます。

地方は高齢化のペースがピークを過ぎているので、介護人材などに余裕がある。一方で、東京は人手不足ですから、当然、また地方から人材が流入してくることになります。

しかし、東京は決して子どもを育てるのに良い場所ではない。通勤の環境も厳しい。一方で楽しい娯楽が一杯ある。

東京は人をブラックホールのように吸い寄せて、消費する場になっています。

この状況を止めよう、という考え方が提言の背景にあります。

回避戦略の要旨

ここで見ている高齢者の増加は団塊の世代の高齢化ですが、その方たちもいずれは亡くなるのですから、「需要」は急速になくなります。すると、地方からやってきた人たちの働き場も急速に減少するはずです。つまり、そこでは大量の失業問題が発生する可能性がある。

結局、地方で起きた問題は二十年程度のタイムラグで東京でも発生するわけです。

さて、「回避戦略」では、こうした問題に対して、四つの提言をしています。

①医療、介護にＩＣＴやロボットを導入して「人材依存度」を下げるべき
②地域の医療介護体制を整備し、高齢者を集中化させるべき
③一都三県の連携、広域対策を進め、それを国も支援すべき

④東京圏の高齢者が、地方に移住する流れを作るべき

この④に関連して、「医療介護体制が整っている四十一圏域」が示されています。北海道室蘭市から沖縄県宮古島市まで、具体的な名前が挙げられていたこともあり、この部分が大きくニュースでは扱われていました。そのため、この部分のみにひっかかって議論をしている向きもあるように見受けられました。

「地方を大都市の姥捨て山にしようというのか！」

そんな風に抵抗を持つ方もいらっしゃるかもしれません。しかし、これもまた一つの大きなチャンスとなりうるのです。

CCRCの推進

実際に、私たちが考えているのはもう少し夢のある話です。たとえば、壮年層の移住と関連して、地方創生総合戦略の中で重要な柱としているCCRC構想。CCRCとは、Continuing Care Retirement Community の頭文字を取った言葉で、訳せば「生涯活躍のまち」ということになります。日本版CCRC構想は、「東京圏をはじめとする高齢者が、

自らの希望に応じて地方に移り住み、地域社会において健康でアクティブな生活を送るとともに、医療介護が必要な時には継続的なケアを受けることができるような地域づくり」を目指すもの、とされています。

「医療介護」「ケア」という言葉から「やっぱり姥捨て山なのでは」とお疑いになるかもしれませんが、そんなことはありません。もっと前向きな街づくりを構想していますし、実際に形になりつつあるのです。

たとえば、ＣＣＲＣに近いものとしては、民間が作った「シェア金沢」という魅力的な街がすでに存在しています。金沢大学の近くの空いた土地を企業が活用して作った街で、サービス付き高齢者住宅の他に、病院、知的障がいを持つ児童のための施設、学生寮もあり、日用品の店、バー、クリーニング店、サッカー場、天然温泉等々、さまざまな施設や店舗があります。農園やドッグランに加えて、なぜかアルパカの牧場までであります。

街のことは住民で決める、というのが決まりなので、催し物や集会の運営については住民一人一人が主体的に関わることになっています。

大切なのは、それら施設や住む人たちが有機的につながっていることです。ＣＣＲＣ

構想においては、高齢者は単に介護や治療を必要とする存在ではありません。もちろん、人間最後はそのようになるのかもしれませんが、入居段階では元気な高齢者が求められます。そこで仕事や社会活動、生涯学習に参加する人が求められています。ここでは「何かをしてもらう」だけの高齢者ではなく、「何かをする」高齢者を想定しているのです。

シェア金沢が大学に近接している点は、その意味でとても重要です。大学から先生を招いて学ぶこともできますし、何らかの知識や経験のある高齢者が若者にものを教えることもできます。

障がい者の存在もしかりです。高齢者のところで力仕事を手伝う代わりに、手作りのおやつでもてなしてもらう。そんな光景がここでは当たり前になっています。

老若男女が集まり、それぞれが時に世話やお節介を焼きながら、つながりを持って生活する。大切なことは話し合って決める。商店や病院など最低限の機能は街の中にある――このような街のイメージを聞くと、

「なーんだ、それって昔の日本の地方なんじゃないの」

と思われるかもしれません。その印象は間違いではありません。実際に、「シェア金

沢」は、「かつての良き地域コミュニティを再生させます」と謳っています。

プラチナタウン

この例から、楡周平さんの『プラチナタウン』（祥伝社文庫）という小説を連想なさった方もいらっしゃるでしょう。実際に、とても良く似たイメージです。ドラマにもなったこの小説では、子育て世代と老人たちが共存する新しいタイプのコミュニティが描かれています。しかも、重要なのはそれがビジネスとしても成立している点です。エンターテイメントとしても非常に良く出来た小説なので、お勧めいたします。同書の刊行は二〇〇八年。そんな時期に、こうした街のアイディアを思いついていた、楡さんの先見性には心から感心しました。

実際に、元気なシニアを対象にしたユニークな取り組みは全国に広がっています。「ゆいま～る那須」もその一つでしょう。高齢者がロングステイできる別荘のような建物に、食堂、図書室、音楽室などが併設されています。

これらはいずれも民間の試みですが、これからは国が自治体と共にモデル事業を推進していく地域もたくさん出てきます。

いきなり地方に移住するというのはハードルが高すぎるという声もあるので、それに対しては「二地域居住」、要するに「お試し移住」というアイディアも出ています。これは政府の「日本版ＣＣＲＣ構想有識者会議」のメンバーである産経新聞論説委員の河合雅司さんなどが提案しているものです。

大きなネックはコストでしょう。これについて河合さんは、二つの都市を行き来するのには交通費がかかりすぎるので、思い切って日本中どこに行くのでも鉄道は片道上限三千円にしてはどうだろうか、と大胆な提案をしています。実現は難しいでしょうが、交通費を安くすること自体は、移住を推し進める力になるかもしれません。

いつかは故郷で

五十五歳を過ぎたあたりからでしょうか、やたらと小・中学校の同窓会が開かれることが増えました。鳥取県で開かれるそういう場に顔を出すと、かつての友人たちが口々にこう言います。

「もうそろそろ帰ってこいよ」

「また一緒に何かやろうや」

「それもいいかもなあ」などと夢想することがあります。おそらく、私に限らずそんな経験をしている同世代の方も多いことでしょう。

しかし、ここで誰もが現実にぶち当たります。

一所懸命働いて、やっと手に入れたマイホームをどうすればいいのか。仕事をどうすればいいのか。いまさら帰ってメシが食えるのか。

こうした現実を考えると、身動きが取れない。そういう人がまだ多いのではないかと思います。

そうであるならば、この部分を解決することで、地方への移住者を増やすことは可能かもしれません。たとえば「マイホーム」を貸し出すことができて、家賃収入を得られるようになれば、地方での生活費はかなりカバーできます。もしも賃貸に転用するため、特に若い人に貸せるようにするためのリフォームにお金が必要だというのであれば、そうしたものに助成金を出すというのも一案でしょう。そうやって、家主が大都市圏から離れやすくする。

都市圏に所有している3LDKのマンションを月十五万円で貸すことができたらどうでしょう。十五万円は、地方ではかなり使い出があります。個人的な感覚では、物価などの差を考えれば、東京の十五万円は地方では三十万円分くらいの価値があるようにも思います。

そうした副収入があれば、地方に戻って、そう高い給料を得ることができなくても、かなり余裕のある生活ができるようになることでしょう。月収が二十万円くらいでも、プラスの家賃収入があれば三十万円は越えます。仮に実家が残っているのならば、家賃も要りません。

「地方では収入二十万円の仕事だって見つけるのは大変だ」

それならば、そういう仕事、環境を作っていきましょう。

現在、大都市圏に住んでいる地方出身者や地方移住希望者が、ある程度豊かな生活が送れるような環境を整備し、情報を提供していけば、単に人口が増えるというだけではなく、それぞれの地方でイノベーションを起こすことにもつながるはずです。

それは要介護の後期高齢者を地方に移住させる、というのとは本質的にまったく意味が異なります。

Uターン組が活力をもたらす

組織や地方を変えるのは「若者」「バカ者」「よそ者」だといわれることがあります。いったん大都市の生活を経験した働き盛りの人たちが地方に戻ってくることは、確実に地方を変える力になることでしょう。

「何かを変えるなんて、面倒臭い」

このような考え方の人が多ければ多いほどその地方は変わらないままで、ゆるやかに衰退していくわけです。

「いいんじゃないの。このままで。とりあえずそんなに困っているわけじゃないし」

こういう思考法で、個人が「小さな幸せ」を求めることは間違いではないでしょう。しかし、その「小さな幸せ」の総和が、「大きな不幸」を招いていて、それが限界を迎えつつある、という面もあるのではないでしょうか。

こうした状況を変えるには、人が入ってくるのが一番効果的だと私は考えています。Uターン組が、そんな役割を果たせれば素晴らしいことです。

もちろん、そんなにうまくいくのか、楽観的すぎないか、という見方はあるでしょう。しかし、最初に申し上げたように、すでに有事なのです。「できないかも」などと言っている暇があったら、少しでもできるように知恵を絞り、体を動かしたほうがいい、そんなところまで来ているのです。

「花の都で」は古い

先日、伊原木隆太岡山県知事とお目にかかった際に、興味深い話を聞きました。伊原木知事は、天満屋という百貨店の社長から県知事に転身したというキャリアの持ち主です。東京大学工学部卒で、スタンフォード大学への留学経験もある国際派でもあります。

伊原木知事によると、海外には「最後は花の都で」という発想がない、とのことです。言われてみれば、これまでの日本は「最後は花の都で」という考え方が蔓延しすぎていたように思います。外国の方とお話をされて、そうした発想は欧米ではあまりないことに気付かれたそうです。

「偉くなっていずれはワシントンＤＣで」とか「ロンドンで一旗揚げよう」という考えの持ち主は、皆無とは言わないまでも、少数派だそうです。それよりも、都会のいい学校で学んで、その経験、知見を地方に帰って生かそう、と考えるほうが普通だと言うのです。

言われてみれば、おとぎ話にもそうした文化の違いが表れているように思います。「一寸法師」が典型でしょう。最後は京の都に行って「めでたしめでたし」となる。「金太郎」も山で相撲を取っていたら、将軍にスカウトされて、やはり都に行って出世して、「めでたしめでたし」。

この手の話が、ヨーロッパには無いのだそうです。

イソップ童話の「都会のネズミと田舎のネズミ」は「一寸法師」とは対照的です。田舎でのんびり暮らしているネズミを、都会のネズミが「都会のほうが面白いぜ」と誘う。行ってみたら確かに刺激は一杯あるのだが、目まぐるしくて危険な暮らしに辟易した田舎のネズミは「僕には田舎の方があっている」と帰ってしまう。アニメ化もされて、よく放送されていたので、ご存知の方も多いことでしょう。

メキシコの漁師

似たような話で、傑作だと思ったのは「メキシコの漁師」という寓話でした。原典は知らないのですが、アメリカでは有名なジョークだそうで、ネットでは広く流布されています。かいつまんでご紹介すると、次のような話です。

メキシコの田舎町にアメリカで成功したビジネスマンが旅行に行った。そこで地元の漁師に出会った。

漁師が手にしている活きのいい魚を見て、アメリカ人が尋ねた。

「いい魚ですね。一日にどのくらい働いているんですか」

漁師は答えた。

「大して働いていないよ」

「じゃあ一日何しているんですか」

「大体、日が高くなるまで寝ていて、起きたら漁に出て、戻ったら子どもと遊んで、女房と昼寝する。夕方になれば友達と酒を飲んだり、ギターを弾いたり。それで夜になれば寝る。そんなところかな」

「それはもったいない。もっと働いて、たくさん魚を獲ればいいじゃないですか」

「それでどうするんだよ」

「自分で食べる分以外は売るんですよ。それでお金を貯めて、漁船を増やして人を雇う。さらに漁獲高は増えるから、今度はそこに付加価値をつければいい。水産加工の工場を建てて、商品を作るんです。そうやって会社が出来たら、都市に進出していく。最終的にはウォール街で株を上場することだって可能でしょう」

「そうなったらどうするんだ」

「会社を大きくして、ピークの時点で売却するんです。巨万の富を手に入れられますよ」

「それで?」

「そうなったらあとは悠々自適です。どこか好きな場所で、のんびりと寝て、気の向くままに船に乗り、子どもや奥さんと語らい、友人たちと酒を飲む」

そこで漁師はこう言った。

「そんな暮らしならもうやっているよ」


実によく出来た話です。これまで私たちはどうしてもこの起業家のような発想をベースにものを考えすぎていたのではないでしょうか。

「いつかは都で」を捨てる必要はありませんが、それだけを選択肢とすべきではありません。このような価値観の転換が必要であるように思います。

出生率を上げるための努力は続けますが、その効果が出るのはどんなに早くても二十年後、三十年後です。それまでの間にも、私たち日本人は、今までの価値観に縛られることなく、もっと多様な「人それぞれの幸せ」を求めるべきではないのでしょうか。地方での暮らしには、そういう大きな可能性があるのです。

6 「お任せ民主主義」との決別を

素朴な疑問に答える

ここでは、地方創生に関連してよく寄せられる疑問にお答えしたうえで、私なりの総論を述べます。

「普通の有権者が望んでいるのは、『まちおこし』のような大きなことではなく、『病院や介護施設がきちんとあって、買い物に不便を感じず、治安の良い町でいい』という程度のことではないでしょうか。『創生』などというと何だか大がかりな感じがしますが、国民の多くが望んでいるのは、『普通に住みやすいまち』ではないでしょうか」

たしかに「創生」というと、大きなことをイメージなさる方もいらっしゃるかとは思います。「再生」ではなく「創生」だということには「新しい日本を作ろう」というイメージを出そうという狙いがあります。ただし、結果としてはまさに質問にあるような町を作る、あるいは維持することを理想としているのです。

今までは経済は成長し、人口は増え、土地の値段が上がり……という前提で物を考えていたのですが、もうそれらは通用しません。

だから、コンパクトシティやCCRCのような動きを進めていく必要があるわけです。市や村の機能を集中させ、そこにある程度医療や介護の施設も集約していく。そうすることでコストを下げ、サービスを向上する。

そうでなければ、サステナブルなシステムは作れません。

経済成長は鈍化し、人口は減り、土地の値段が下がり……という状況が避けられない以上、何らかの手を打たなければ、今の「普通のまち」は維持できない。そのことが「地方創生」の前提です。

何もない地方なんてない

「ウチの地方には何もないから」

地方に行くと、そういった声を聞くことがあります。でも、それは本当にそうなのでしょうか。本当に「何もない」のでしょうか。

島根県隠岐郡の海士町も、地元の人が「何もない」と思っていたところを町長や住民の努力で魅力を掘り起こした好例でしょう。ロケーションは絶海の孤島のようなものです。飛行機も飛んだり飛ばなかったり。合併しないから交付税も減る一方。公共事業ももうやり尽くしたような状態。

それでも岩ガキの養殖や最新の冷凍技術の導入、あるいは島でしかできない教育をすることで、町は息を吹き返した。

「何もない」からだめだ、と思うのか、「何もない」ところから何かを作ろう、と考えるのか。これは大きな違いです。

そして、このことを考えるにあたって「あそこにはカリスマ町長がいたから」「ウチにはカリスマリーダーがいないから」で片づけるか、「自分たちにもできるはず」と考えるか、これもまた天と地ほど大きな違いがあると思います。

こうした話をしても、

「いや、そういう田舎は自然があるとか、過疎で追いつめられたとか、いろいろな事情があったから、思い切ったことができたんでしょう。でも、私の住んでいるところは普通の郊外のベッドタウンです。そこまで困っているわけでもないし、観光地になるはずもない。そういう『普通の町』はどうすればいいんですか」

と言う方もいます。実際に、そういう「普通の町」の方が多いかとも思います。

しかし、ここでもう一度思い出していただきたいのが、『地方消滅』で増田氏が提起した問題の本質部分です。あの論文の衝撃的だった点は、まさに「普通の町」がそう遠くない未来に消える可能性が高い、ということを示した点です。

決して、ここまでにご紹介した成功例を「特殊な田舎」の「特殊な話」とか「特別なリーダー」が導いた「特別な美談」のように受け止めないでいただきたいと思います。

「お任せ民主主義」からの脱却

「普通の町」としての危機意識を持って政策を進めている事例は各地にあります。

神奈川県秦野市では、市民に対して、財政の状況などを説明した上で、「新規のハコモノは建設しない」「機能更新の最優先は義務教育など自治体運営上、最重要機能だけ」「四十年かけてハコモノを三割削減」といった方針を定めたそうです。こうした取り組みに対して、住民の八割近くが理解を示しているとのことです（『地方消滅　創生戦略篇』増田寛也・冨山和彦著・中公新書）。

現状では、そう大きな差が無いように見える「普通の町」、普通の郊外ベッドタウンであっても、現在の取り組み如何では、今後大きな違いが生まれることでしょう。秦野市のような取り組みをしている地方は、何年か、何十年か先には「あの時にああやっておいて本当に良かった」と思う日が来るかもしれません。

逆に、いまだに「大きなハコモノを作ればいいだろう」といった発想を取っている自治体はやはり駄目になるでしょう。

秦野市のような自治体と、いまだにハコモノを作る発想から抜けられない自治体とでは、将来は大きな差がついてしまうのは明らかです。後者は、一時的には大きな建物を建てて、景気が良い気分になれるかもしれませんが、そういう無駄なものがどうなったか。すでに墓標のような建物は全国にあるでしょう。

そういう無駄なことはやらないように、もっと国が指導力を発揮すべきだ、目を光らせるべきだ、という意見もあるかと思います。しかし、地方自治の精神を尊重すれば、基本的には住民、自治体で方向性を定めるべきだということになるのです。

自分たちの選んだ結果を自分たちで甘受しなければならない。これが民主主義の本質であると私は思うのです。

『地方は活性化するか否か（マンガでわかる「地方」のこれから）』（学研プラス）というマンガがあります。こばやしたけしさんという方が描かれているもので、とある人口減少著しい中規模の市で女子高生たちが地元の活性化について考え、行動の第一歩を踏み出すまでのストーリーなのですが、その中に鋭い指摘があります。「やりっぱなしの行政」「頼りっぱなしの民間」「全然関心なしの市民」が三位一体となると、なにも前に進まない、ということです。首長や議員も同じです。選んだらそれでおしまい、あとはお任せ、という「お任せ民主主義」からの脱却が必要なのではないでしょうか。

ユーカリが丘のヒント

千葉県佐倉市のユーカリが丘は、これからのベッドタウンを考える上では大きな示唆を与えてくれています。多くの郊外ベッドタウンでは、開発業者が売るだけ売ったら、あとは知らない、ということになりがちです。こういう町は、「ニュータウン」のはずがいつしか「オールドタウン」となって寂れていってしまう。

しかし、ユーカリが丘は、開発業者である「山万」の取り組みによって、他のいわゆる「ニュータウン」とは異なる発展を遂げています。たとえば山万は、建売を買ったものの、住民夫婦が高齢化して、二人で暮らすには広い、となった場合には、その戸建を会社側が購入して、駅近くのマンションを購入するところまで斡旋をする。一方で、古い戸建の方はリフォームをして若い夫婦が住みやすいようにする。「売ったらお終い」にはせずに、町にずっと関わり続けているのです。

山万は、一九七〇年代末の時点で、ユーカリが丘を販売するにあたって「環境にやさしい街づくり」を謳っていました。今ならばありふれたコンセプトに見えるかもしれませんが、当時としてはかなり先進的でした。さらに、その頃から住民の高齢化も視野に入れていました。そして、交通機関やホテルなども含め、住民にとって有益な設備を業者が整えていき、今でも関わり続けているのです（これについてご興味のある方は、『しなやかな日本列島のつくりかた』〈藻谷浩介対話集・新潮社〉をご覧ください。山万の嶋田哲夫氏の考え方がよくわかります）。

何も知らない人が、ユーカリが丘を見れば、単に他と変わらないような「普通のニュータウン」かもしれません。しかし、その住みやすさや持続性は他とは違うはずです。

勝ち組と負け組

「各自治体が前向きに、『創生』に取り組むこと自体は素晴らしいと思いますが、結局のところ自治体に『勝ち組』『負け組』を作ることになりませんか。またそうした動きを加速化する恐れはないのでしょうか」

確かに「勝ち組」「負け組」が結果的に生じることになるかもしれません。もちろん、すべての自治体が「勝ち組」になるということが望ましいのですが……。

これまで「国土の均衡ある発展」という理想の下に、様々な政策が進められていました。それは言い換えれば、あまり努力、工夫をしない地方であっても、「それなり」に「均衡ある発展」を享受できた、ということだったかもしれません。

これからはそうはいきません。努力をし、工夫をし、本当に議論をして、住民が能動的になった地方と、これまでと同じように何となくお任せをして、「誰かが何とかするだろう」という地方とでは、手にする果実の大きさが変わってくる可能性は十分にあります。それを「勝ち組」「負け組」と称するのであればそのような結果はある程度不可避であると思います。

しかし、ここで考えていただきたいのは、果たして民間企業で「勝ち組」「負け組」の存在があるから不公平だ、といった議論が起こり得るだろうか、ということです。そして、民間企業の場合に「トップは誰でもいい」などということがあり得るだろうか、ということです。もちろん、誰もが「そんなはずはない」と言うことでしょう。

だとすれば、同様の観点で、自治体の首長についても考えていただきたいということです。「誰でもいい」「知り合いに頼まれた」といった考えで選んでいいはずがありません。

結果として「負け組」が出ないのであれば、それに越したことはないでしょう。しかし、それは「努力してもしなくても一緒だね」ということでは断じてありません。

何度も言いますが、人口は減る、土地の値段は下がる、高齢化は進む、という非常時なのです。その時に最初から「勝ち組も負け組も作らない」という考え方は、一見、美しく響くかもしれませんが、ともすれば有害なものとなりうるのではないでしょうか。

努力ぬきで全員が幸せになれるようにしたい、という考え方は、結局は「全員一緒に沈みましょう」という傾向を強める方向に働くのです。

誤解されると困りますが、日本国憲法第二十五条にある「健康で文化的な最低限度の生活」を送ることはもちろん保障されています。それは国の責務です。医療や介護といった最低限の保障も、国が責任を持って行います。

しかし、そこから先については、地方の努力によって差が出ることも覚悟しなければならないと思います。

首長の選び方

「『ちゃんとした首長を選べばいい』と言うけれども、どの候補者もろくなもんじゃない。だからこんな風になっているんじゃないか。正直言って、これなら、昔の『県令』のように中央から派遣されてくるほうがマシでは、という気もします」

確かに「何でこんな市長がいるんだ」「なぜこの人が町長なんだ」といった例を耳にすることもあります。そういう人が選ばれた背景には「誰がなっても同じだから」といった有権者の気持ちもあるのでしょう。

しかし、誰がやっても同じのはずはありません。変な首長を選んだら、大変な目にあう、それが民主主義というものなのです。

二〇一一年から八年間、夕張市長を務めた鈴木直道氏は、もとは東京都の職員でした。出身は埼玉県ですから地元の人ではありません。夕張市との縁は、都の職員時代に出向して働いていたということだけです。二〇一一年、地盤も看板もない、無所属の鈴木氏が自・公・みんな推薦の候補者を破って当選しました。当時は三十歳で、全国一若い市長でした。

市長に就任後は、自身の給与を大幅カットして、市営住宅に住みながら市の立て直しに全力で取り組みました。その取り組みは方々で高く評価されています。二〇一三年には、ダボス会議を開いている世界経済フォーラムが選ぶ「ヤング・グローバル・リーダーズ（YGL）」に選出されました。

鈴木市長のような人が当選したのは、夕張市が財政破綻という「大変な目」を見たからかもしれませんが、おそらく、夕張市民は「いい人を選んだ」と実感したのではないでしょうか。だからこそ二〇一五年、鈴木氏は再選を果たしたのだと思います。

私も実際に何度もお話しさせて頂いて、とても若々しく有能な首長であると感じました。

今はまだ「どの人でも同じ」という自治体も多いかもしれません。しかし、そうした状況はこれから変わっていくことと思います。

夕張市は、ある意味で日本の未来を先取りした自治体でした。そこで起こったことは全国どこでも起こりうることです。

ですから、地方創生推進交付金は、今までと同じように一律に配るようなことにはなっていません。それを得るのには、自治体の首長の才覚が必要です。先駆性のある取り組み、既存の交付金では対応できない取り組みに対しての交付金だからです。さらに単独の自治体ではなく、複数の自治体と連携して取り組むことも重要です。

こういう説明をきちんと読んでいるか。おそらく真剣に読んで、プランを練っている自治体もあれば、いい加減に読み流している自治体もあるでしょう。

いい加減な提案をしてくる自治体があれば、地方創生推進交付金は配分されません。そうしたら、その首長は議会で責任を追及されるかもしれない。

「なぜウチはこんなに少ないんだ。おかしいじゃないか」

こういうことが行われるようになれば、首長も安閑とはしていられないでしょう。

いや、議会にチェック機能があるかどうかすら怪しい、と思う人もいるかもしれません。その場合には、住民側がチェックする必要があります。

議員削減の問題

「そもそも地方議員の数が多すぎるのではないでしょうか。税金を節約するのならばそこから始めればいいじゃないですか。夜間に議会をやることにしてボランティアでやればいいのでは」

平成の大合併等の効果もあって、定数は実際にかなり減ってきました。

夜間、あるいは休日に議会を開く、といったアイディアもよく聞きます。私はいいことではないかと思います。

しかし、そうした改革は国が主導してやるものではなく、地方自治の本旨に則り、住民の要求に基づいて行うべきものだと思います。議会も住民が選んでつくっていただくものです。何人の、どういう規模の、どういうシステムの議会にするかも、みなさんの選択で決められるべきものなのです。

地方議会の良いところは、大都会の議会に比べて、住民との距離が近いところです。

せっかくアクセスしやすいのですから、「どうせ役に立たない」「要らない」という前に、地方議員も大いに活用して頂きたいと思います。

持続性をどう担保するのか

「結局、『地方創生』という取り組みも政権が変わったらまたご破算になるのではないですか」

確かに内閣が変わったり、政権交代が行われたりすると、前の内閣の取り組みがおざなりになったり、立ち消えになったりすることがあります。

しかしこの問題については与党、野党で対立し、政争の具にすべきではないはずです。人口減少を食い止め、地方を再生するためには、何とかここまで積み上げた取り組みを永続的なものにしたいものです。

一部の地方にはいまだに「国主導」を望むような依存体質があるようにも感じられます。簡単にいえば「お金をくれればいい」ということです。

これまでの首長は「お金をください。事業をつけてね。企業をくださいね」ということを中央でアピールするのが仕事だったという面は否定できません。

しかし、それでは立ち行かないようになっているのはここまでに述べてきた通りです。そもそも「国主導」か「地方主導」か、といった対立構造で考える必要は無いように思います。

お互いができることを目いっぱいやればいい。それだけのことです。二択である必要は無いのではないでしょうか。

メディアも、また一部の政治家も、一種の対立構造を作ることが好きです。しかし、そういうものから良い結果が生まれるとは思えません。結局、対立構造を作ると、その解消のために人的、時間的なものも含めて多大なコストがかかるからです。その分のロスが大きくなれば、前向きな方向に使える労力が減ってしまう。

これまでは、そういうロスを吸収できるような環境が日本にあったから、良かったのです。人口増、経済成長のおかげで、少々のロスは問題にならなかった。しかし、これからはそうはいきません。

私たちがやろうとしているのは、「地方のことは地方に任せたほうが上手くいく」という例をできるだけ増やして、それを常識としていくということです。

その意味では、政府の「地方創生担当大臣」などというものは、いささか矛盾した存在なのでしょう。理想はそんな大臣がいなくても、それぞれの地方がやる気を出して、自分たちで知恵を出して、常に盛り上げていくという状態だからです。

「あれこれ口を出さなくても、我々は我々で地元を活性化しているから心配いりません」

そうなるために仕事をしているわけで、つまりこんな肩書の大臣が不要となることが望ましい。今はあくまでも過渡期であって、こんな大臣が無用の存在になり、地方が自ら戦略を立て、ＰＤＣＡサイクル〈Plan〈計画〉→Do〈実行〉→Check〈検証〉→Action〈改善〉のサイクルのこと〉を回し、住民を幸せにしていける状況になればいいと思います。

面倒くさがる人たちの罪

ここまでにご紹介した多くの成功例、挑戦例は、言うまでもなくやる気のある人たちの力によって成し遂げられたものばかりです。もちろん、地方でも必ずしもやる気のある人ばかりではないでしょう。

「面倒くさい」

「そんなことやらなくても」

こういった反応が返ってくることは珍しくありません。

私自身、若い頃からあれこれ提案しては、反対されてきました。

「いいじゃない、今のままで」

地方に余裕があった頃はそれでもよかったのです。しかし、このまま何もしなければ地方は無くなってしまいます。

「無くなってもいいじゃないか」

そう考える人もいるのでしょう。

しかし、冒頭から申し上げている通り、人材やエネルギーや食糧を生産する地方がなくなって、それらを消費する大都市だけが残ることなどありえないのです。

まずはその考え方を変えなくてはいけないのではないでしょうか。

東京から帰ってきた人たちや、地元の志ある人たちが「あれをやってみよう」「これをやってみよう」と言ったら、それをきっかけに少しずつでも変えていくことが必要ではないでしょうか。

皮肉なことに、この数十年、「いいじゃないの今のままで」でやってきた地方のほうが、手つかずの分野や自然が多く残されているという面もあります。だから、怠けていた地方のほうが、目覚めれば大きく変われる可能性はある。

中途半端に都市化している地域よりも、そういうところのほうが伸びしろがあるという面もあるのかもしれません。

「低成長でもいい」「このままでいい」と言うほうが、なんとなくインテリっぽいし、文化的な匂いもするかもしれません。しかし、こういう考え方は実は若い人に対して、非常に残酷であることを自覚していただきたいと思います。

「あとは下り坂になるかもしれない。ツケはそちらに回しておく。よろしく」

それでいいはずがありません。

そして、この問題に率先して取り組むことは、国際的にも意味のあることだと考えています。少子化、超高齢化は先進国共通の悩みですが、中でも日本はそうした問題にもっとも早くぶつかって最先端を走っている国です。

その課題に率先して取り組んで、解決策を見出していくことは、「課題先進国」としての日本が世界に果たすべき責任でもあるのではないでしょうか。原発事故以降、エネルギー問題に関して、「資源のない日本こそ、率先して再生可能エネルギー問題に取り組み、その先進国になるべきだ。それが日本の役割だ」という主張をよく耳にするようになりました。その論理でいけば、やはりこの少子化、高齢化に取り組むこともまた国際的に求められている日本の役割の一つであると考えられます。

今が最後のチャンス

さまざまな問題と、その対策について触れてきました。ここまでをお読みになった中には、「話はわかったが、それはもとをただせば、あんたたち、自民党のせいなんじゃないの」と言いたくなった方もいることでしょう。

言い訳をするつもりはありません。戦後、ほとんどの期間、政権与党にいたのは自民党です。日本の現状に関しての責任は私たち、自民党に大きな責任があります。

これはこの問題に限らず、安全保障しかり、エネルギー問題しかり、財政問題しかり、「面倒なことは先送り」としてきたツケなのだろうと考えています。

最近、話題となることが多くなった安全保障法制にしても、日本が独立を果たした時に、整備をすべきだったでしょう。また、その時に改憲もすべきだったのでしょう。

それをようやく、進めようということになっています。

たしかに遅い。しかし、まだ完全に取り返しのつかないところにまでは来ていない。だから「遅きに失した」とならないようにしなければならないと考えています。

流れを変えるには、地方の力が必要になります。

個人と地方が自信とストーリーを持つ

地方がただ中央からの補助金をアテにしているといった、これまでのあり方では、国家自体が立ち行かなくなります。地方と、そこに住む人たちが自信を持ち、誇りを持ち、感動するストーリーを紡ぎながら、それぞれの地方を作っていく。その姿勢が今の日本には絶対に必要である、と私は考えています。

江戸時代に、徳川幕府が地方のために何かやってくれるというようなことはなかったはずです。そのおかげで地方に独自の文化、産業、教育が発展しました。

その頃に戻れなどと申すつもりはありません。しかし地方の自立ということをもう一度考えてみるべきではないでしょうか。

官と民のあり方、地方と中央のあり方、官と個人のあり方、そういうものを国民全体でもう一度考えてみる。

それによって、日本人が幸せになり、地方が豊かになり、日本国全体が豊かになっていく。

さまざまな問題を抱えているとはいえ、世界的に見ればまだまだ私たちは豊かさを享受し、平和な生活を送れています。

長い歴史や文化を誇り、しかもその伝統がいまだに息づいています。

素晴らしい自然も残っています。

先人たちが遺してくれたこの日本を素晴らしい形で将来世代にもつなぎ、残していくのは、今の時代の私たちの責任です。

7　誠実さ、謙虚さ、正直さを忘れてはならない

もう政権に戻れないと思った頃

二〇一二年の政権復帰以降、自民党は選挙で勝利を続けてきました。そのあとの自公政権しか知らない人にとっては、これが永遠に続くかのような幻想を持つのも無理のないことなのかもしれません。特に野党でそう思う人は、焦るあまりに、その場しのぎの離合集散を演じ、かえって自らの首を絞めてしまう、ということも多くの国民が目にしたことです。

しかし、私にはそのような幻想を持つことは到底できません。二〇〇九年に野党に転落したときの衝撃は非常に大きく、忘れられないものだったからです。

あの時、自民党の議席は三百議席から百十九議席にまで減りました。ほぼ三分の一になったのです。すでに世論調査などから敗北必至であることはわかっていましたし、実

際に事前予想では百二十議席という数字も出ていました。ほぼその通りとはいえ、それでもなお、結果にはたいへんな衝撃を受けました。

あの時、多くの自民党幹部は、こんな風に思っていました。

「ああ、これで十年間は政権に戻れない」

小選挙区制を採っている国で政権交代が起こった場合、十年間はその政権が続く、というのは常識でした。英国やカナダでもそうです。小選挙区とはそういうものなのです。

私は当時、農林水産大臣でしたが、「もう自分が国会議員でいる間は政権に戻ることはないかもしれない」と思っていました。

ただ、野党になってすぐにやらなければならないこともわかっていました。なぜ自民党は敗れたのか。野党にならなければいけなかったのか。このことを徹底して検証することです。

当分政権に戻ることはないとしても、その間にできることは何か。何をすべきで、何をすべきではないか。

もう一つ、強く思ったのは、自民党が分裂するような事態は絶対に避けなければいけない、ということでした。

かつて金丸信先生は、「野党になったら馬糞の川流れだ」と仰ったそうです。いささか品の無い表現かもしれませんが、要は政権から降りたとたんにバラバラになる、という意味です。

自民党を支えているのは権力なのだ、それゆえに権力を絶対手放してはいけない。これは自民党がずっと抱えてきた、執念のようなものだったと思います。だからこそ、ある時期には日本社会党委員長の村山富市さんを総理に担いでまで政権に返り咲いたわけです。非難を浴びることは承知のうえだったのは間違いありません。それでも当時の幹部たちは決断したのでしょう。

しかし、権力への執着が行き過ぎることは自重せねばならないと考えています。自民党の核となる政策を枉《ま》げてまで与党たろうとすることは、国民政党のすることではないと思うからです。

「自民党、感じ悪いよね」

自民党を破り、華々しく誕生した民主党政権は、当初、国民やメディアの喝采を浴びて始動します。この民主党政権が本当に国民国家のためになる政権であれば、われわれ自民党の出番は本当にしばらくの間なかったでしょう。しかし、結果はご存知の通りでした。

年金問題、子ども手当、高速道路無料化、財源はすべて「事業仕分け」で見直すことで捻出する。私も「もしかすると、全く今までとは違う視点で解決策を実行できるのだろうか」と思うところがなかったわけではありません。ところが政権運営はあまりに稚拙で、理想はあったのでしょうが、それを現実的な政策に落とし込むことも、実行することもほとんどできませんでした。そしてその民主党政権の最中に、あの東日本大震災・大津波・原発事故が起きたのです。こうなっては、何としても自民党を立て直し、国民生活の安定を我々が担う以外にない。それが、私たちの使命となったのです。

このときの記憶が生々しく残っている以上、私たちが与党に戻り、いくら安倍政権は盤石だと言われても、自公政権がずっと続くなどという楽観的な考え方を持つことは、私にはできません。

そもそもあの時、なぜ自民党は野党に転落したのでしょうか。なぜ有権者に嫌われたのでしょうか。

私は、決して自民党の政策が間違っていたのではなかったように思います。それよりも、党のあり方に対する厳しい見方が大きかったのではないでしょうか。簡単に言ってしまえば、「自民党だけは嫌だ」という思いが有権者に蔓延していた気がします。

そうした国民の気分に対して、当時私は「『自民党、感じ悪いよね』と思われないようにしなければならない」と発言したこともあります。そう発言したことに対しての批判もありましたが、実際にそういう気分の国民が多くいたのは間違いなかったと思います。

では、「自民党だけは嫌だ」と思われた理由は、たとえばどのようなものだったのでしょうか。まずは、その時々の政権の失策や失言、不祥事などで、総理が次々に代わってしまったということが挙げられるでしょう。

二〇〇九年の時点で、私は議員になって二十三年が経っていました。その間に総理大臣がどれだけ代わったか。

私が初当選した一九八六年は、中曽根康弘総理でした。そのあとの名前を並べてみましょう。竹下登、宇野宗佑、海部俊樹、宮沢喜一、細川護煕、羽田孜、村山富市、橋本龍太郎、小渕恵三、森喜朗、小泉純一郎、安倍晋三、福田康夫、麻生太郎……四半世紀足らずの間に、実に新しい総理が十四人も誕生していたのです。平均すれば一人あたり二年も続いていません。このうち細川、羽田、村山を除けばすべて自民党です。このような状況に国民から拒絶反応が生まれるのは当然でしょう。

総理はまだそれでもましかもしれません。大臣に至ってはそれどころではなかったからです。

たとえば、私は福田康夫内閣において防衛相をつとめましたが、二〇〇七年に入って九カ月で、すでに四人目でした。私の前が高村正彦先生、その前が小池百合子先生で、さらに前が久間章生先生です。

次の麻生内閣では農水相をつとめましたが、第一次安倍政権時代に「鬼門」と揶揄《やゆ》されたポストだけあって、安倍政権から麻生政権までの二年で、実に私が六人目でした。前任者は松岡利勝先生、赤城徳彦先生、若林正俊先生、遠藤武彦先生、再び若林先生、太田誠一先生。

やむをえない交代もなかったわけではないでしょうが、こんなに大臣がコロコロ代わる様を見て、国民がウンザリしないわけはありません。

国民の共感を失う恐ろしさ

また、政策の内容というよりも、政策のネーミングなどで国民の反発を買ってしまったこともありました。七十五歳以上の方々を「後期高齢者」としたのがその代表例でしょう。もちろんその表現は以前からあるものでしたし、他意はありません。それでも、このような言葉を使った時に、該当する方々がどう思われるのか、そこに私たちは思いが至っていませんでした。

福田内閣で導入した「後期高齢者医療制度」それ自体は画期的なものだったと今でも思っています。地方と都市部、あるいは高齢者だけの世帯と子供と同居している世帯との負担の格差を是正するとともに、一割負担の原則を取り入れるという制度であり、高齢者医療の安定につながるものです。制度そのものに対しては野党もまともな批判は出来ていません。

しかも、実は地域によっては負担は減ったのです。私の地元、鳥取県の小さな市町村のように、高齢者が多く、財政が厳しい地域では多くの有権者の保険料が下がることになっていました。本来ならば歓迎されてもいい話です。ところが説明をすべき厚労省に問い合わせても、きちんとそれを示すデータがありませんでした。

結局、私は地域の広域連合に問い合わせ、自力でデータを集めたうえで、地元で事実を説明して回りました。

正確なデータをもとに、丁寧に説明すれば、有権者はわかってくれます。現にこの時も、「そういうことなのか」と多くの方が納得してくださいました。

しかし、ネーミングの悪さは致命的でした。いったん広まってしまった「自民党は高齢者に冷たい政党だ」というイメージを拭い去ることはできなかったのです。

当時、民主党の幹事長だった鳩山由紀夫さんは、「姥捨山反対、お年寄りをいじめるな」というようなノボリを持ち、巣鴨に出向いてアピールをしました。この頃は、彼らのほうが共感を得るのに長《た》けていたわけです。結局、猛反発を受けて「長寿医療制度」と名前を変更したものの、後の祭りです。

このような長年の積み重ねがたまりにたまって、国民の共感を得られない党になってしまっていた。「感じ悪いよね」と思われるようになっていた。それが二〇〇九年の自民党でした。

このとき痛感したのは、政策が正しければそれでいい、というものではないということです。もちろん政策が正しいことは大前提です。間違った政策、実現不可能な政策を選挙目当て、イメージ先行で進めていいはずはありません。

必要なのは、正しい政策を用意したうえでさらに「政府は私たちのことをわかってくれている」と思ってもらえるように、丁寧な説明を繰り返すことなのです。

谷垣総裁の下で謙虚な立て直し

野党となった自民党の総裁に就任したのが谷垣禎一先生でした。「馬糞の川流れ」とならないためには党内抗争だけは避けねばなりません。

その意味で、谷垣先生ほどの適任者はいなかったでしょう。誠実なお人柄で、高い見識を持ち、多くの党員から尊敬を集める存在だったからです。

その谷垣総裁の下、私は政調会長を務めました。党の政策を立案し、まとめる仕事です。特に力を入れたことの一つが、新しい党綱領の制定でした。政党の綱領というのは、その政党の基本的な考え、方向性を明文化したものです。

自民党とは何なのか、何のためにある党なのか。野党になったからこそ、そうした根本的なことを考える時間もありました。そしてこの作業は、党の根本的な立て直しには必要な作業でした。「私たちはなぜ負けたのか」をゼロから考えたうえで、「真の日本の保守政党とは何か」を突き詰めるために、伊吹文明元衆議院議長にとりまとめをお願いしました。

そうして二〇一〇年に誕生したのが、自民党の新しい綱領です。全文は長くなるので、「我が党の政策の基本的考え」を以下に示します。これは現在も有効なものです。

①日本らしい日本の姿を示し、世界に貢献できる新憲法の制定を目指す
②日本の主権は自らの努力により護る。国際社会の現実に即した責務を果たすとともに、一国平和主義的観念論を排す
③自助自立する個人を尊重し、その条件を整えるとともに、共助・公助する仕組を充実する
④自律と秩序ある市場経済を確立する
⑤地域社会と家族の絆・温かさを再生する
⑥政府は全ての人に公正な政策や条件づくりに努める（略）
⑦将来の納税者の汗の結晶の使用選択権を奪わぬよう、財政の効率化と税制改正により財政を再建する

野党時代ということもあり、大きく注目を浴びはしませんでしたが、これを制定することができたのはとても有意義なことだったと考えています。

また、政党である以上、綱領を持つことは最低限の条件であると私は考えます。民主党は驚くべきことに、与党となった時点でも綱領を持っていませんでした。だからこそ、憲法改正のような重要なテーマについても、党内の意見がバラバラのままでした。

余談ながら、私は民主党政権最後の総理であった野田佳彦総理に、同党の綱領について国会で質問したことがあります。野田総理は、民主党には綱領はないが、「基本理念」はあると言いました。そこで、その「基本理念」の中で三つ主なものを挙げてください、と問うと、野田総理は一つしか正解を言えませんでした。

主要な「基本理念」すら党首が憶えていないというのでは、話になりません。

その後、民主党は民進党となり、さらに分裂するなど未だに混乱していますが、これも元を辿れば綱領すら存在しなかったことが最大の理由だと言えるのではないでしょうか。

政党は、国民一人当たり二百五十円として総額を計算する政党助成金の配分を受けることのできる存在です。現在でも、政党として認められるには法人であることなどの要件が課されてはいますが、私自身は現行の要件以外にも、綱領、意思決定や会計処理の手続きが適切に定められていることなどを要件とする「政党法」の制定が必要だと考えています。

政策集団としての自民党

野党・自民党の政調会長としての大きな責務は、自民党を実力ある真の「政策集団」にすることである。私は当時、そう考えました。そのための具体的な方策の一つが、旧来型の年功序列類似の人事をやめることでした。

従来、党内には、当選一回はヒラ、二回で政務官、三回で部会長、四回で常任委員長、五回で大臣という「相場」がありました。しかし、これからは当選一回であろうと実力とやる気のある議員には部会長などの責任がある仕事を任せようと考えたのです。

もともとの構想は以前から私がアイディアとして持っていた「手挙げ方式」でした。単に執行部がポストを割り振るのではなく、まずは「この仕事をやりたい」という人に手を挙げてもらう。そして、その希望者を総裁、幹事長、総務会長、政調会長などで面接して選ぶことにする、というものです。候補者には、その分野における現在の課題

（現状認識）、それを解決するための法律・政令などの方策、それを実現するための予算、それを可能とする財源等を十分程度で述べてもらったらいいのではないか。

このアイディア自体は見送られたものの、谷垣総裁、大島理森幹事長のお許しも得て、当選回数と関係なく能力ある若手を抜擢することができました。

たとえば環境部会長に齋藤健先生（一期目＝当時、以下同）、国防部会長に「ヒゲの隊長」としてお馴染みの佐藤正久先生（一期目）、文部科学部会長に「ヤンキー先生」こと義家弘介先生（一期目）、法務部会長に森まさこ先生（一期目）、経済産業部会長には平将明先生（二期目）という具合でした。

これは国会における政策論議などにおいて、政府の大臣たちよりも強い人を出したいと考えたからです。大臣とやりあう姿を国民が見て、「自民党のほうがいいじゃないか。政策に通じているぞ」と思ってくれるようにしたい。このようにしなければ政権奪還なんておぼつかない。そうした危機感が背景にはありました。

こうしたことを積み重ねていくうちに、野党・自民党は政策集団としての力を蓄えることができていったと思います。

とにかく真面目に研鑽を積み、次の出番に備えること。そして再び国民に信頼される党に生まれ変わらなければならないと考えたのです。

論戦に強くなるために

当時は予算委員会の筆頭理事も一年間つとめました。あの時ほど国会の質問に立ったことはありませんでした。

その際も主眼としたのは、政策論争です。民主党政権の政策をテーマごとに党内で徹底的に検証して議論を挑みました。決して単なる揚げ足取りのような論戦にはしなかったつもりです。

私に限らず、当時の自民党にはそうした傾向が強くありました。

国会論戦の充実のために、党内では初めてのディベート講座も行ないました。講師をお願いしたのは、ディベート学の権威である北岡俊明さん。

ベテランも若手も交え、良い質問・駄目な質問、良い答弁・駄目な答弁を直近の実例を挙げて検証し、実際のディベートも行なうなど、相当に突っ込んで学んだものでした。

日本では法廷でのやり取り以外は基本的にディベートの習慣が無く、その技術も未発達であり、だからこそ国会の論戦を観ていてもなかなか国民の理解が深まらないのだということを強く認識させられました。

「してもしなくてもよい無意味な質問はするな」「言論の闘いの場においてはなるべくパネルを使うな」「あ〜、え〜、などと言うな」「……と思います、は禁句。断定的に自己の見解を述べよ」……等々、技術的な学びも数多くあり、その後の貴重な糧とさせて頂いています。

なかでも最も印象深かったのは「ディベートの最大の効用は万巻の書を読まざるを得ないということである。ディベートとは読書の戦いであると言ってもいい。大量の本を読まないと他のディベーターに徹底的に論破される」との教えでした。

「話の引き出し」を多く持っていることは攻守どちらにおいても必要なことですが、そのためには、時間を見つけては可能な限りの本や論説を読まねばなりません。私の時間管理が下手なせいなのか、近頃は買うものよりも送ってくださるものも多く、膨大な本や論壇誌を前にただ呆然とすることもありますが、それでも政策を深めてくれそうなもの、議論に必要そうな本は、できるかぎり読みこなすようにしています。

「本ばかり読んでいないでもっとメシを食い、酒を飲み、付き合いの幅を拡げるべきだ」とのご指摘もしばしば頂くのですが、こればかりはスタイルなので致し方ありません。

ディベートの技術を磨く、ということは答弁する側に立った場合にも重要なことです。その場を切り抜けさえすればよい、とか相手を揶揄すればよい、というものではなく、国民が納得する議論を展開することで初めて理解は深まるのであり、むしろその責任は政府・与党側こそ重いというべきなのでしょう。

このような様々な取り組み、経験を積んでいくうちに自民党は、「責任野党」として成長できたと考えています。

どうやって国民の信頼を取り戻せるか、あんなに一所懸命やった三年間はありません。その経験はその後の政権交代の大きな力となっています。だからこそ野党時代の経験というのは、私にとっても、自民党にとっても忘れてはならないものであると思うのです。

8　本気で国民の命を守るための議論が求められている

Jアラートを向上させる

二〇一七年九月十五日、政府は午前七時に全国瞬時警報システム（Jアラート）を通じて北海道、青森、岩手、宮城、秋田、山形、福島、茨城、栃木、群馬、新潟、長野の十二道県に警報を伝えました。Jアラートは、北朝鮮からミサイルが発射された際などに政府が出す警報です。

この一件でも、「説明が足りない」と感じることがありました。

それぞれの地方では「北朝鮮からミサイルが発射された模様です。建物の中、又は地下に避難してください」というアナウンスが流れたとのことですが、この時点ではすでに着弾地点は把握できているはずです。

危険がある場合は、そのあとに「直ちに避難。直ちに避難。直ちに建物の中、又は地下に避難してください。ミサイルが落下する可能性があります。直ちに避難して下さい」というのが流れるとのことなのですが、せっかく警報を発するのであれば、最初の警報で国民にどのような状況であるかも可能な限り正確に伝えなければ、避難すべきか否かの判断がつきません。毎回「避難して下さい」と言われるのに、特段の危険はなかった、というようなことを繰り返していると、やがて国民の政府に対する信頼が失われることになるのではないか。そのような危惧を覚えました。

現に、これについて批判的な声が聞かれました。

「北朝鮮の脅威を必要以上に強調して、国民の不安を煽っている」

「いったいどうすればいいというのか。警報だけ出すのは無責任だ」

私は、Jアラートは必要ですし、とても重要だと思っていますが、一方で反発する側の気持ちもわかるような気がしました。

たしかに政府は「なるべく室内に」「なるべく丈夫な建物や地下に」といった最低限のアドバイスはしています。しかし、あえて厳しい言い方をすれば、政府はどこまで本気でこのJアラートの存在意義を考えてきたのでしょうか。

実は自民党本部でも、国会議員会館でも、ミサイルに備えた避難訓練はしたことがありません。それで国民に「避難してください」というのは、いかにも説得力がない話です。そうした姿勢は国民には見透かされるでしょう。

真剣に考えなくてはいけないのは「いったいどうすればいいというのか」という不安に対する答えを用意することではないでしょうか。日本における核シェルター（避難所）の普及率は〇・〇二％と言われています。スイス、イスラエルでは一〇〇％、ノルウェーでは九八％で、アジアを見ても、シンガポールで五四％、韓国でもソウルあたりは一〇〇％以上とされています。いかに日本が突出して低いかということです。

今さら言うまでもありませんが、現在、世界で最もミサイルの脅威にさらされている国の一つが日本です。それなのにこのような状況でいいとは、とても思えません。

防災省の必要性

このような確実性の高い避難体制などを、防衛の観点からは「拒否的抑止」といいます。「ミサイルに対してはミサイル」という体制によって、相手に攻撃を思いとどまらせることを「懲罰的抑止」といいますが、これに対して「攻撃しても意図したような被害は出ない」という体制をつくることで相手に攻撃を思いとどまらせるというものです。

実は、このような拒否的抑止を構築するための方策と、防災の対策というのはかなりの部分が重なっています。

我が国は有数の災害国であり、長きにわたって各種の天災に対応してきました。こうした知見を一カ所に集中させ、インフラ整備、防災機材から避難などの訓練のノウハウ、過去の教訓に至るまで、一元化してスキルアップすべきではないか。

そのために「防災省」（仮称）を作り、我が国のみならず災害の多発しているアジア地域、ひいては世界中にそのノウハウやインフラを輸出し、災害国であることを強みに変えていきたい、と考えています。そういう省が、たとえばシェルターの設置についても自治体と相談しながら進めていく。もし公民館などにシェルターがあれば、「どうすればいいのか」とはならないはずです。

地方創生担当大臣を務めていたときに、この「防災省」的な組織が日本に必要ではないか、との問題提起をさせていただいたこともありました。内閣府内に防災担当の部局が設けられていることもあり、前向きな結論を導けませんでしたが、事の重大さを考えると、私には現状で事足れりとは思えません。

神戸市なども努力しておられますが、専門家の育成、防災の文化の継承、的確かつ効果的な避難訓練の実施などを考えれば、専任大臣を置いた独立した省庁が必要ではないでしょうか。首都直下型地震や南海トラフ巨大地震も確実視される中にあって、もう一度広範な議論が必要に思えてなりません。

また、軍事に関する科学技術の開発に対しては強い反発があるわが国ですが、防災技術の開発であれば、多くの支持が得られるでしょう。この分野に国家として力を入れて技術開発を促すことは、結果として新しい産業の振興にもなりますし、我が国の経験値の高さを踏まえれば、防災分野の世界最先端のイノベーションを主導して国富を創造するセンターとすることも、世界トップクラスの防災の「知の拠点」とすることも可能です。

本来、このようなテーマ設定であれば、与野党関係なく国民的議論が進められるはずです。

しかし、こうした問題についても、あまり本質的な議論はなされていません。野党やメディアの多くは、「今回の警報は正しかったかどうか」といった論点のみで政府を責め、政府は「正当なものでした。今後とも、国民の皆様には警報に十分お気を付け頂きたいと思います」といった程度の注意喚起をして終わる。

これでは「いかにしてミサイルから国民と国土を守るか」という本質的な議論を先延ばしにしているように思われても仕方ありません。

核についても本質的な議論を

北朝鮮の核及びミサイル開発が進んでいることを受けて、二〇一七年のほんの一時期だけ、日本における核抑止力についての議論が耳目を集めました。しかし、問題が一段落すると、急速にまた議論の機運は消えていきました。最近はいつもこの繰り返しになってしまっているのではないでしょうか。

本来、日本として核兵器や核抑止にどう向き合うべきかというようなテーマは、平時に冷静な環境の下で論じられるべきなのです。

中国が最初の核実験を行ったのは一九六四年十月十六日、まさに前回の東京オリンピックの開会中でした。このオリンピックに「中国」として参加したのは中華民国（台湾）であり、当時「中共」と呼称されていた中華人民共和国は国際的にも広く認知はされておらず、日本との関係も悪かったと記憶しています。大会の真っ最中に核実験を強行したことに、当時の北京政府・毛沢東共産党主席の強烈な意志を感じます。毛主席の

「たとえパンツをはかなくても核を保有する」という言葉はあまりにも有名です（正確には、当時の陳毅外相が「ズボンを質に入れてでも核を保有する」と述べたものが、毛沢東の言葉として伝えられているようですが）。

フランスはアメリカの強い反対に遭いながらも核兵器を保有しました。「同盟は共に戦うものだが、決して運命を共にするものではない」と述べたのはフランスのドゴール大統領でした。

インドもアメリカ・ソ連どちらの「核の傘」もあてにできず、結局独自に核兵器を開発・保有し、現在に至っています。

「他国の庇護のもとにあることを潔しとせず、民族として自立する」という価値観それ自体は否定できるものではないでしょう。その意味で言えば、金正恩《キムジョンウン》委員長もまた北朝鮮による朝鮮半島の統一を念頭に、そのように考えているように思われます。いかに中国が反対しても、「貴国と同じ政策を採っているのになぜ我々を非難するのだ」ということではないでしょうか。それに対する反論は、「とにかく核兵器が拡散しては困るからダメだ」というものしかありません。

核不拡散についてはＮＰＴ（核不拡散条約）がありますが、これに基づくＮＰＴ体制には「核のアパルトヘイト」と呼ばれるような本来的な不公平性があります。米・露・英・仏・中の五カ国（国連安保理常任理事国）だけが条約上合法に核を保有できることとなっている前提もそうでしょうし、罰則規定がないのでインドやパキスタンのように「やったもの勝ち」になってしまう点も、そもそもNPT条約に入っていない国には適用がないので野放しになるという点も、不公平なものです。

しかし日本がそれでもなおNPTに加盟し、NPT体制を強く支持するのは、「唯一の被爆国である日本が核兵器を保有することで核兵器ドミノを引き起こし、世界中のほとんどの国が核兵器を保有するような世界を現出させるわけにはいかない」との考え方に基づくものです。

日本核武装論は、ある意味さまざまな安全保障上の危機のたびに提起されます。私は危機に際して提起されること自体は自然なことだと思いますし、「いつか日本が核武装するかもしれない」と思われることで働いている抑止力も相当にあると思います。

しかし同時に、現時点で私は、我が国が核武装するメリットを見出せません。

日本が核を保有すれば、原子力の平和利用、つまり原子力発電関連の協定は破棄されます。我が国のウランの輸入や使用済み燃料の再処理を可能としている米国やフランス、カナダなどとの二国間協定はなくなり、エネルギー政策が成り立たなくなります。

また、少し考えればわかることですが、核兵器の保有に必要な核実験をする場所など日本のどこにもありません。原発の再稼働ですら容易ではない日本で、核実験を許容する場所があるはずもなく、この点も極めて非現実的と言わざるを得ません。

真逆の議論として、だからこそ全面的な核保有禁止を世界で目指すべきだ、日本もそのために全力を尽くせと言われれば、反論のしようがありません。そうなれば、どれほどいいでしょう。

が、そこに至る道筋は困難極まりないもので、唱えていればいつかは叶うというものではありません。

どう考えても、当面は「核を使用しても効果はなく、所期の目的は達せられないので、その使用を思いとどまる」という拒否的抑止力（ディナイアル・ケーパビリティ）を高める他はないように思われます。

拒否的抑止力を高める方策はいくつか考えられますが、弾道ミサイル防衛システムのアップグレードもその一つです。特に、ミサイル発射直後のブースト段階での迎撃は、早急に実装すべきだと思います。現行の弾道ミサイル防衛システムは、私が防衛庁長官時に導入を決めたものですが、これらが開発された二十年ほど前ではブースト段階の迎撃は技術的に困難でした。しかし重力に逆らって上昇する途中の、速度も遅く、姿勢制御もできず、多弾頭を放出することもなく、しかも迎撃後のデブリ（破片など）は発射国に落下するという、もっとも合理的な迎撃能力は現在の技術では理論上可能となっており、これを追求することは急務でしょう。

非核三原則とニュークリア・シェアリング

さて、「脅威」とは「能力」と「意図」の掛け算と言われます。足し算ではないので、片方がゼロならゼロとなりますが、だからといって安心できるわけではありません。民主主義というのはプロセスの公正性を担保するものですから、どうしてもある程度の時間がかかります。しかしこの点、それ以外の体制で国家を運営している場合は、迅速な意思決定が可能となります。仮に我が国を軍事的に圧倒する「能力」を有している国が、同時に意思決定も迅速であれば、それは「意図」が簡単に変わりうるということであり、極めて短い時間の間に「脅威」が出現しうる、ということになります。

このような状況を踏まえて我が国の「核抑止」を考えたときに、いわゆる「非核三原則」――「持たず、作らず、持ち込ませず」のうちの少なくとも「持ち込ませず」は不変の原則とすべきではない、と私は思います。そして日本型の「ニュークリア・シェアリング」の可能性を検討すべきだ、と私はテレビ番組などで発言しました。

「ＮＡＴＯ（北大西洋条約機構）では、米国の核兵器をどんな時に使い、どんな時に使わないか、核兵器を持たない国がどう関与するか、実務レベルでも閣僚レベルでも常に議論し、意思決定する常設の機関がある。だからこそ、情勢の変化に対応した適切な核抑止力が働く。核を保有していようがいまいが、抑止力をどう働かせて国民を守るのか考えるのが政治の責任だ。ミサイル防衛の強化や国民保護体制の強化と合わせて、核抑止そのものについても議論することが必要だ。アメリカの核の傘で守ってもらうと言いながら、『非核三原則』を堅持する、どんな時も日本国内には核兵器を置かない、と宣言することが抑止力の向上に資するとは、私は思わない」

これが私の発言の主旨です。従来からの主張ですし、きわめて常識的な考え方だと思うのですが、かなり踏み込んだ発言のように捉えられたり、タブーに踏み込んだような受け止められ方もしたようです。

しかし、周辺情勢が激変した今でも「持たず、作らず、持ち込ませず」の「非核三原則」に加えて、「議論もせず」の「四原則」を堅持することで平和が保たれると信じておられる方の多いことに改めて驚愕しています。

いつまでも、こんな思考不徹底の言論空間を続けている余裕など今の我が国にはないはずです。多くの場合、安全保障に関する議論が、どこか現実と離れたものに終始しているのは、とても危険なことだと思います。

現実的な対策が急務である

私が憲法改正を必要不可欠だと考えている、ということはすでに述べました。しかし一方で、憲法を変えたら我が国の外交・安全保障政策がすべて万全かつ万能になって、あらゆる脅威から我が国を守れるようになる、わけではありません。憲法は「私たちが主権者として、日本はどのような国であるべきと思うか」を定義するという重要なものですが、それが喫緊の個別の政策課題を解決するわけでもありません。そういう意味で、同じ安全保障に関わることでも、おのずから優先順位というものがあります。

たとえば、南西諸島防衛は喫緊の課題ですが、仮に自民党草案通りに憲法第九条を改正したとしても、それによって直ちに島嶼防衛が万全になるわけではありません。否、むしろ、島嶼防衛は我が国の「個別的自衛権」の発動であることには異論はないのですから、憲法以前の問題、つまり現状でも対応可能な問題として、具体的なケースを想定したうえで対処法を考えなければならないものです。

南沙諸島の例を見ても、中国の人民解放軍がいきなり尖閣諸島などに侵攻してくるという可能性は、現時点ではあまり高くないでしょう（仮にそうなれば、それはまさに「急迫不正の武力攻撃」ですから、個別的自衛権を発動して武力攻撃事態と認定するだけのことです）。

しかしそうでない場合、たとえばよく言われるように、漁船を装った船が遭難を装って魚釣島に上陸する、そのまま「海警（中国海警局）を待つ」などと言いながら居座る、といった事態の方が、可能性は高いのですが、我が国の対応は単純ではなく、あらかじめ考えておかないと大きく国益を損なう事態を招きかねません。

北朝鮮の脅威についても、派手なＩＣＢＭや核兵器などに目を奪われがちですが、我が国にとっては二百とも三百ともいわれる中射程の地味なミサイルを大量に保有していること、そしてすでに日本国内で普通に暮らしているであろう多数の北朝鮮の特殊工作員が何かをきっかけとして一斉に「目覚め」、破壊工作を働くこと、といった脅威のほうがより現実的です。

そして、この「工作員」事案の場合も、警察と自衛隊の仕事の分担をどうするか、といった複雑な調整が必要であり、このような整理もあらかじめ考えておかないといざという時に適切に動けません。特に今は二〇二〇年東京オリンピック・パラリンピックを控えており、これも念頭に置きつつ議論を急がなければいけないはずです。

ところが、このような実務的な、具体的な話は、全然受けないのです。報道もされないし、国会でも質問されない。「まずは憲法九条を改正すべきだ」「憲法に自衛隊を書かないのは失礼だ」といった話ばかりが取り上げられます。

そして、そこが論点となってしまい、与党も野党もメディアも、現実的に急ぐべきテーマから離れていってしまいます。結果として、ほんとうに急ぐべき課題の検討がかえって置き去りになってしまっているのです。

9　不利益の分配を脱し自由な選択で幸せを実現する

果実の分配が政治の仕事だった

経済が高いレベルで成長を続け、人口が増え続けていた時期の政治の仕事は「果実の分配」でした。

地政学的には冷戦構造の真っ只中、ソ連と対峙する日本はアメリカが本気で守る地域の一つでしたから、日本自身が安全保障に多額の予算を費やす必要はありませんでした。また、戦後の焼け野原からスタートした国民の生活水準は低かったので、新しいモノが出てくれば、みんながそれを欲しがり、同じモノが作れば作るほど売れました。高齢者もそう多くはいませんでしたし、企業は儲かった分を設備投資と人件費にどんどん回しました。

そういう時代が、日本では戦後しばらくしてからバブル経済までずっと続いていたのです。そしてこの間、政治や政府は、おもに「みんなが喜ぶこと」だけやっていればよかったのです。まずは必要なインフラ整備。鉄道、道路、それが新幹線、高速道路となり、需要はいくらでもありました。税収は右肩上がりですから、優先順位で多少もめても、いつかはやってあげると約束することもできました。貧富の格差が出てくれば、社会保障システムを充実させて所得再分配機能を強化します。工業や社会の急激な発展で生じた副作用的なことがら、たとえば公害問題や交通事故の増加なども、深刻ではありましたが、いざ取り組めば一定の成果を挙げることができました。

多少の失策もあったでしょうが、それすら時代がカバーしてくれた。日本にとって実に良い時代が続いたのです。

こういう時代に、選挙制度は中選挙区制でした。国会議員は、各々選挙で票が取れそうな政策だけを訴えていて、実は何の問題もなかったのではないでしょうか。

しかし、これらすべての前提はもはや存在しません。冷戦も、高度経済成長も終わりました。少子化と高齢化が進み、ついに人口は急激な減少を始めています。

これからどうするか。国民の賛成を得て前に進めていくためにも、中・長期的な「国家ビジョン」が求められるようになりました。

敗戦直後から現在に至るまで、政権ごとの構想は連綿と存在しています。もっとも有名なのは田中角栄総理の「日本列島改造論」でしょうが、そもそも高度経済成長をもたらした池田勇人総理の「所得倍増計画」、大平正芳総理の「田園都市国家構想」など、内閣ごとにその方向は示されてきました。

しかし、重光葵外相のチャレンジに代表される外交・安全保障上の課題、特に日米同盟の特殊性の是正や見直しは、岸内閣以降いわば封印されました。岸総理は旧安保条約の不平等性を大きく改善しましたが、それは予想以上に大きな政治的コストを強いるものでした。ゆえにこれ以降日本は、独立国家としてどうすべきか、といったことを議論しなくなりました。意図的にそうしたことを避けてきました。だから憲法を正面から語ることもありませんでした。

竹下総理の功績

一方で内政においては、「不都合な真実」を語って、短期的な利益より長期的な国益を優先した総理がいました。竹下登総理です。

まだ現在ほど社会保障制度の維持が困難だとは危惧されていなかった時代に、明らかに選挙に不利な消費税の導入、「果実の分配」ではなく「不利益の分配」とも言える政策をあえて実行しました。もちろん、このような政策が喝采を浴びるはずもないことはわかっていて、それでもやらなければならない、と考えられたのです。その意味で、長期的な「国家ビジョン」を具体的な政策として打ちだした数少ない首相だったのではないでしょうか。

これからの政治家は、こうした「不利益の分配」についても正面から語っていくことがますます求められるようになるということです。その意味では、政治家は昔以上に歓迎されない仕事になっていくのかもしれません。

地方政治家の疲弊

萌芽はすでに地方でも見えています。地方自治は民主主義の学校だ――などという表現はよく耳にするところですが、それが本当だとすれば、地方において投票率の低下が深刻なことになっている点には、もっと注意すべきでしょう。単純に投票率だけの問題ではないにせよ、千葉県市川市では市長選挙の結果、すべての候補者が法定得票数に達せず、再選挙という結果になりました。地方のこういう動きはそのうち中央にも伝わるのではないか、と私は懸念しています。

実際に、私の知る町では、三期目、四期目の町長さんが「もう次はいいです。辞めたい」と言って、立候補を辞退するようなケースも出てきています。真面目に働くとかなり大変な仕事ですから、次の成り手もなかなかいない。無投票当選が地方では増えているのにはこんな背景もあるのです。

いい加減な政務活動費の使い方をしている地方議員をニュースで見れば、「美味しい仕事に違いない」と思われることでしょう。しかし、ああいう人はごく一部であって、真面目に取り組むとかなりきつく、報われることも少ない仕事なのです。実際には地方の首長で、「辞めたい」という人が周りから「頼むからもう一期やってくれ」と説き伏せられてやむなく続けているケースも珍しくありません。

やがてこの動きが国政に広がる可能性は十分あります。つまり国会議員も、このままだとどんどん成り手がいなくなるのではないか。そんな危惧を私は抱いています。

法定された国会議員の年収は約二千百万円です。金額だけを見ればまさに「高級取り」ですが、この額で平均十人程度のスタッフを雇うのはほとんど無理です。国で手当てされている秘書は三人だけ。正直に申し上げて、この支給された収入だけでは次回の当選はあきらめざるを得ないでしょう。

しかも、世間の厳しい目にさらされながら、激務をこなさなければなりません（真面目に働けばやはりとても忙しいのです）。しかも落選すれば、とたんに無職です。

また、人に嫌われたくないのなら、やらないほうがいい仕事でしょう。先ほど触れた、過去の「良き時代」の総理でさえ、様々な批判にさらされました。

ましてやこの先は、真面目に考えれば、有権者に対して「うまい話」ばかりを持ちかけることは到底できません。むしろ有権者に対して受け容れなければならない「苦い現実」を語らなくてはならない。

これから先の「国家ビジョン」を語るにしても、全員から歓迎されることはありえないでしょう。安全保障に関しては、政党、左右によってかなり立場が異なり、議論においても攻撃的な言葉が飛び交います。憲法九条改正について正面から挑めば、それ自体で一部の方からは嫌われます。

そもそも「不利益の分配」などという話は、大向こう受けが期待できません。しかし、政治家はそれも語らなければならない仕事なのです。大向こう受けを狙い続けた結果が現在なのですから。

アベノミクスというカンフル剤

安倍政権になってからの経済政策、いわゆる「アベノミクス」については様々な意見がありますが、それまで、特に民主党政権のもとで慢性化し長期化していたデフレを脱却することを目標に掲げ、実際にデフレ状況から各種指標を大幅に改善してきたことは、率直に評価されるべきものだと思っています。その最たるものが株価や為替であり、雇用情勢も劇的に改善しました。

一方で、経済構造改革は進まず、潜在成長率が期待通りに伸びていないことも事実です。そもそもアベノミクスの基本的考え方は、いわゆる「三本の矢」のうち、「大胆な金融緩和」と「機動的な財政出勤」という、いわば短期的なカンフル剤によりデフレ脱却を実現し、さらに経済を温めることで時間を稼ぎ、その間に規制改革など経済構造改革を断行して潜在成長率を高め、中長期の成長エンジンに点火する（＝民間投資を喚起する成長戦略）、というものです。

いつまでもカンフル剤に頼ることなく、持続的に発展する経済を実現するために、残された時間を最大限有効に活用し、我が国の経済・財政が抱える根本的な問題ときちんと向き合い、それに対する処方箋を考えることが必要です。

日本の根本的な問題

根本的な問題とは何か。端的に説明するために、私がよく用いている数字があります。一九六〇年と二〇一五年の日本の社会保障制度に関連したデータの比較です（ただし、前者はまだ本土復帰前なので沖縄は含まれていません）。

まずGDPは十六・七兆円から五百三十二・二兆円と三十二倍になりました。人口は九千四百三十万人から一億二千七百九万人と一・三五倍。このうち六十五歳以上の人口が五百四十万人から三千三百四十七万人と六・二倍になっています。全人口に占める割合は五・七％から二六・三％にまでなっています。

今では六十五歳で働いている人も珍しくありません。一般企業はもとより、コンビニ、レストランなどでもお見かけすることが増えました。しかし、五十年ほど前までは、そもそも六十五歳以上の方は二十人に一人しかいなかったのです。

八十五歳以上人口は十八・八万人が四百八十八・七万人と二十六倍に。また百歳以上は百四十四人が六万一千七百六十三人と四百二十八・九倍になっています。

平均寿命は男性が十五歳、女性が十七歳延びました。日本が世界に冠たる長寿国になったことは誇るべきことです。

この間、国の予算は一・六兆円から九十六・三兆円、つまり約六十倍になりました。一方で社会保障制度の支出は〇・七兆円が百十四・九兆円になっています。百六十四・一倍です。

そして、現在のペースが仮にこのまま続けば、日本の人口は二一〇〇年に五千二百万人、二百年後には千三百九十一万人、三百年後には四百二十三万人になる、と予想されています。

さて、これを見て皆さんはどう思いますか。

大切なのは国民一人一人の幸せ

「西暦三〇〇〇年には日本人は一千人になる」などというと、「そんなことありえないよ、大げさな」というような反応を示す人も多くいます。私が言いたいのは、「このまま放置したら」大変なことになる、ということです。つまり、今なんとかしましょうよ、その認識を共有してください、ということなのです。

この半世紀で国家予算が六十倍なのに対して、社会保障制度の支出は百六十倍。これも、いい悪いの問題ではなく、「持続可能性の高いプランニングを考えましょうよ」と言いたいのです。

「アベノミクスで株価も上がり、有効求人倍率も上がったではないか。この路線で成長を進めればいいのだ。お前のように景気の悪い顔で、景気の悪い話をしてどうするのだ。冷や水をかけるんじゃない」

こんな風に思う方もいるのでしょう。景気の悪い顔はともかく、景気の悪い話をしようと思っているのではありません。むしろ「景気が悪くならないように、皆で考えよう」ということを言っているのです。

アベノミクス以前、日本の経済は停滞していました。売り上げも賃金も伸びない。特に輸出中心の製造業は苦しい状態でした。それが大胆な金融緩和によって、円安となり、輸出産業は潤いました。円換算によれば収益も増加しました。

しかし、実は全体の売り上げは伸びていませんし、賃金も上がっていません。だから「実感がない」と言われるのです。

株価の上昇もまた円安の賜物だと考えたほうがいいでしょう。これもよかったことの一つですが、そこにとどまらず、国民一人一人の幸福につなげる方策を考えなくてはいけません。

有効求人倍率も上がりましたが、これも団塊の世代の方々が大量に退職する年代を迎えたことによる構造的な人手不足が背景にあると考えたほうがいいでしょう。そうであればなおのこと、ビジネスモデルの構造改革に手を付けることが容易な環境にあるはずです。

賃金が上がらない理由

就業構造も大まかにいうと、製造業からサービス業へ、男性から女性へ、正規から非正規へ、若者から高齢者へとシフトしています。これらはみな、賃金を押し下げる要因となりえます。日本の場合、六十歳を過ぎると同じような仕事をしていても賃金が下がるという慣習があるので、六十歳以上の就労が増えることでも平均賃金は下がります。

さきほど、企業の収益が上がっているのに、売り上げは伸びていない、という話をしました。売り上げが伸びていないのに儲かっているというなら、それはコストが下がっているということです。つまり企業にとって人件費が下がるのは、短期的に見た場合には悪いことではありません。しかし長期的に見れば、労働者すなわち消費者なのですから、国内でモノを買ってくれるお客様の手取りが増えないことになってしまいます。アベノミクスの次に改善しなければいけないのは、まさにここです。

さらに言えば、今後人口が減少する国内市場向けに設備投資を積極的に行うのは意味がないと考えることにも、一定の合理性があります。海外への投資は、もはや生産拠点としてだけではなく、市場開拓、あるいは研究開発にまで広がっているのです。

こうした問題は構造的なものですから、「金融緩和」と「財政出動」だけでは解答を示しえないのです。売り上げも賃金も設備投資も伸びていないというのは、そういうことです。企業にお願いして賃金を上げてもらう、国内の設備投資に回してもらう、というのは、運動論としては意味があるかもしれませんが、全体的な状況改善にはつながらないでしょう。

それでも、ある種の論者はこう言います。

「まだまだ金融緩和が足りない。もっとやれば、景気も回復していく」

金融政策は日銀の所管ですから、私がどうこういうものではありません。しかし一般論として考えたときに、市中に回るおカネの量が増えたらおカネを借りる企業や個人が増えるはずだったのに、そうはなっていない、という現状があります。一方で起業したい、新しい産業をつくり、雇用をつくりたいと思っている起業家がいるのに、そこに潤沢なリスクマネーが回る……という状況には残念ながらまだなっていません。そこにはもう一段の仕掛けが必要なようです。

企業行動をつぶさに見てみると、研究開発関連投資はそれなりに増加基調にありますが、人的資源への投資はずっと伸びないままです。自然に賃金が上がるようにするためには、やはり売り上げが伸びる必要があるでしょう。

今の日本のように人口が減少していくことを経済学の教科書は想定していませんでした。こんなに高齢者が多くなることも想定していませんでした。これまでの常識が通用しない社会がすでに到来しているのですから、これまでの常識を超えた対策を考えなければなりません。

地方創生は経済政策でもある

このように悲観的な話をし、なおかつ現在の経済政策にも限界があると指摘すると、じゃあお前はどうするというのか、という疑問を持たれるだろうと思います。

もちろん、政治も政策も「こうすれば万事解決」といった魔法の杖ではありませんが、すでに一つの方向性は見えています。

私は、日本経済の構造を変える一つの答えとして、どれだけ地方の力を伸ばせるかということがあるだろうと考えています。

いわゆるグローバルの世界で戦うことを強いられる世界企業は、すでにギリギリまで生産性を向上させ、世界中の巨大企業と日々切磋琢磨を続けています。しかし昔のように、あるいは一部でアベノミクスにも期待されたように、このグローバルで戦うジャイアント企業が勝ち残れば、その傘下にある中企業、小企業、零細企業が潤い、日本経済全体の底上げにつながる、という「トリクルダウン」現象は起きません。なぜなら「みんなで作る」製造業モデルはすでに日本の雇用のメインストリームではないからです。

「地方の時代」などと口では言うものの、多くの政治家、またメディアが注目するのは、いまだに大企業の動向です。しかし、日本のGDPの七割、雇用の八割を占めているのは、ローカルの中小零細企業なのです。

上場企業の数は日本に約四千社です。これは日本におよそ四百万社ある企業の一千分の一です。つまり、上場企業以外で働く人たちこそが日本人の大多数だと考えるべきであり、ここにダイレクトに効くような政策を考えなければ、国民一人一人の実感につながらないということです。

「地方創生」を、「東京対地方」という構図でとらえる方も少なくありません。しかし東京はすでに世界の都市間競争にさらされています。東京のライバルは大阪や名古屋ではありません。それは北京、上海、香港、シンガポール、クアラルンプール、あるいはロンドン、ニューヨークといった世界中の都市であり、そのために東京はさらなる魅力の向上を続けていかなければなりません。観光地としての東京の魅力は東京の中の「ローカル」の部分、つまり区市町村が担っていきますが、グローバル都市としての東京は日々さらなる発展を余儀なくされているのです。

しかし、シンガポールのように都市しかない国家と違い、我が国には自然条件に恵まれた地方都市・住宅地があり、農林水産業、観光業などのサービス業、地域の建設業などがあります。ここにこそ、あらゆる可能性、多くの伸びしろ、新産業やニッチ産業のシーズ（種）があります。

このローカル産業、つまり地方の成長が、これからの日本全体の経済成長を支えるのです。

地域差はいろいろありますが、総じて地方は子育てもしやすく、出生率も高いところが多いです。そこに十分な雇用と所得があれば、人口が東京に流出することなく、むしろ増えていき、地方で豊かな暮らしを営むことができる、そうした環境を作ることがすなわち経済政策にもなっていくのです。

地方の所得が増えて、地方から中央への人口流出が止まり、人口が増加に転じる。そこに活路を見出す。いろいろ考えましたが、これが私の結論の一つです。地方創生担当大臣をつとめ、全国の数多くの成功例、取り組みを見れば見るほど、ここにこそ日本の進むべき道がある、という確信は深まるばかりでした。

そのためには、働き方の見直しや新しい技術の活用を通じて、伸びしろの大きい地方経済を支える農林水産業、建設業、サービス業などの生産性を大幅に向上させることにより、地方の所得を上げます。これによって人口流出に歯止めがかかり、東京の一極集中を是正することができるようになります。と同時に、東京から地方への人材や企業の移動の流れの仕組みを作ること、そうした流れを促すシステムを作ることが重要です。これについてはすでに具体的な政策が実行されていますが、さらに加速させるにはどうしたらいいかを考えなければなりません。

官僚も企業も地方を目指せ

文化庁を京都に移したことに代表される省庁の地方移転は、そのための試みの一つでした。官僚も霞が関にばかりいては駄目だ、と私は考えています。林野庁は森林のそばに、水産庁は漁港のそばにあったほうが政策のアイディアも湧くはずです。

実際、大臣時代に創設した「地方創生人材支援制度」であちこちの自治体に派遣された若手官僚は、受け入れ先ととてもいい関係を築き、クリエイティブな仕事を楽しくこなして地域の活性化に貢献しています。これは手挙げ方式で、地方に出向したい若手官僚や大学の先生などを募り、受け入れ先とのマッチングが上手くいけば、実際に出向してもらうというものですが、今後も続けていきたいと思っています。

企業に対しても、本社機能の一部を地方移転した場合には減税というインセンティブも用意しました。そもそもこれだけＩＴ化が進んでいる時代に、全員が都市部にいる必要はないのではないでしょうか。

この試みの先駆者は、グローバル建設機械メーカーのコマツです。同社は、「生活コストの安いところで、できるだけたくさんの社員が働いた方が、長期的には競争力を維持できる」という発想のもとに、東京でなければならない機能以外は石川県に移すという大胆な決断を下しました。

その結果として、石川県での雇用が増えたのは当然、現地社員の結婚率や出産率も飛躍的に伸びました。コマツの賃金体系は東京でも石川でも同じだという点も素晴らしいと思います。

東京以外でも住めば都

人材が東京、首都圏に偏在している状況は日本全体にとって不幸な話です。役所でも企業でも、四十代、五十代でくすぶっている人、塩漬けになってしまったような人、しかし適所を得ればまだまだ活躍できる人材は多くいます。

問題は、そういう人を活用しきれていないということです。部長になれる人は限られていますが、なれないから仕事ができない人だというわけではありません。出世競争から は後退したとしても、能力がある人は多くいます。

そういう人が、どこか必要とされるところで居場所を得れば、本人にとってもその地方、企業にとっても素晴らしいことではないでしょうか。

こういう人たちが地方に帰り、新しい風を吹き込めば、地方も変わってきますし、本人も輝ける。もちろん、地方にも立派な人材はいます。ただ、それでも人数が圧倒的に少ないのです。

大企業はある意味で、政府が放っておいても自分たちで人材を確保し、生き抜くために手を打ちます。しかし、地方はそもそも人がいないのだから、まずは地方の所得が向上するための施策を進めるとともに、そこになるべくたくさんの人が還流できるような環境を整えなくてはいけない。これは政治の仕事でしょう。

関連して取り組んでいくべき施策として、中古住宅の流通を活性化させることも挙げられます。東京に建ててしまった家を手放せないということが、東京に住み続ける消極的な理由となっている人も多いのです。ということは、中古住宅の信頼度の高い査定などの制度設計を通じて流通を促すことが、結果として地方に人材を動かす力となるかもしれません。日本人の資産形成の多くの部分を占める不動産については、ＲＥＩＴ（不動産投資信託）などのさらなる活用も含め、金融や都市の資産価値の向上の観点など複合的な捉え直しが必要だと思っています。

地方創生の成功例

地方が活性化し、甦った実例は数多くあります。いずれも関わった人たちの創意工夫、熱意が感じられる感動的で興味深いエピソードばかりです。

こうした話を、地方創生担当大臣を務めるようになってからあちこちでするようになりました。地方で講演する際には、なるべくその地元や近隣の成功例を盛り込むようにもしています。

意外と地元の人でも知らないことも多いようで、「そんないい話があったのか」と喜んでいただけます。また、様々なアイディアに刺激を受ける方も多くいらっしゃいます。最大の問題は、この手の話は東京と、東京のメディアにはウケが良くない点でしょうか。

ほんとうに残念ですが、やはり地方を下に見るような風潮が影響しているのではないかと思わざるをえません。『日本列島創生論』でも、私は全国で目にした地方の成功例を多く紹介しました。島根県の隠岐島、鹿児島県のやねだんという集落、私の地元・鳥取県の「森のようちえん」、高知県の「土佐の森・救援隊」等々。感動的なストーリーが数多く、地方で生まれています。

どこも、「過疎に悩んでいました」という入口は一緒です。しかし町長や町民の自主的な取り組みがはじまり、多くの人を巻き込むことにより、あるいは雇用が生まれ、あるいは観光客が増え、あるいは若い人たちが移住し、補助金に頼らないために新しいビジネスを生み出すことに成功しています。

東京だけが憧れだった時代は終わった

私は、この先の日本に明るい未来をもたらすのは、こうした地に足の着いた取り組みであると確信しています。そして、その積み重ねによって国全体が良い方向に向くと思っています。

こうした考え方に対して冷ややかな見方もあるようです。『日本列島創生論』を読んだ方から「石破の言っていることはスケールが小さい」という批判があったとも聞きました。

『日本列島創生論』は「地方創生っていうけど、何もしてないじゃないか」という誤解を解くために、地方創生担当大臣として行ってきたことをまとめたものです。ですからミクロの積み重ね感は強いでしょう。しかし、地方が元気になることが「小さい」話だと受け止められているのだとしたら、それには大いに異議を唱えたいと思います。

そんな「小さい」成功の積み重ねで、日本は盛り返さないよ――そんな冷笑的な考え方をされる方には、違うご説明をする必要があるのかもしれません。

すでに若干述べてきましたが、地方創生は地方だけの話ではありません。東京で画一的な時間、画一的なスタイルで働くこと自体を変えなければ、そもそも人を東京から地方に移住させることはできません。働き方改革にとどまらない、人生の多様な選択を可能とする構造改革が必須だという話につながるのです。

「小さい」話が好きではない方も、「働き方改革にとどまらない構造改革」「起業フレンドリーな環境整備」「切れ目ない人材育成の観点からの教育改革」というような言い方なら、少しはご納得いただけるのではないでしょうか。

すでに「東京で一旗上げたい」というような意識は、一昔前のものになりつつあります。特にポスト3・11世代、東日本大震災で「お金があってもモノが買えない」という状況を目の当たりにした若い世代は、モノを生み出す地方の真価を正当に評価してくれるようです。

とにかく、今までにない状況に対応するのですから、従来型の思考法から完全に自由にならなければなりません。

政治家が大きな話をすることは大切です。これから先は、大きな国家ビジョンを語る必要があります。しかし、それは日本全体を大雑把に捉えて「こうすればよくなるはずだ」というアバウトな話をすればいい、ということではありません。

地方の視点、地方出身者の感覚を無視して、日本全体を盛り上げることは不可能です。おそらく竹下元総理は、この点を早くから意識なさっていたのでしょう。だからこそすべての自治体に平等に一億円を支給する「ふるさと創生」という大胆な政策を実行した。人口千人の村にも百万人の都市にも平等に渡したのです。

急に現金が支給されたので、なかにはおかしな使い方をした自治体も少なくありませんでした。なかには「村営キャバレー」のようなものを作ったところまであった。そのため、この政策は当時、評判が良いものではなかったようです。特にメディアでは冷笑的に捉えられました。

しかし、当時、竹下元総理が私に言った言葉が忘れられません。総理は当時からあったバラマキとの批判に対し、こう仰っていました。

「石破なあ、それは違うんだわね。これでその地域の力と知恵がわかるんだわね」

実際、一億円を浪費に近い形で使ってしまった地方もあれば、今でも活きる形で使った地方もありました。

長期的ビジョンで議論を

国会議員も、あるいは中央メディアもあまり取り上げないことですが、今でもこの国の経済を支えている多くの人は圧倒的に地方にいます。八割以上のローカル企業が地方から日本経済を支えています。その地方が変わらないで、日本が変わるはずがありません。

東京にもグローバル都市としての顔と、ローカルな「一地方」としての顔の両方があります。そして、どちらの機能も発展させなければならず、課題も少なからず存在します。

東京は今まで大量の若年人口を吸い上げることにより「若い都市」でいられましたが、この先は急速な超高齢化が進みます。にもかかわらず、医療や介護の体制は「若い都市」のまま。急性期重視の医療体制から転換できていません。

さらに問題なのは、過度の人口集中により災害に対してきわめて脆弱で、世界一危険な大都市とさえ言われていることです。ドイツの保険会社（ミュンヘン再保険会社）が算出した世界主要都市の自然災害のリスクについてはすでにご説明した通りです（p29）。

実は地方が元気になり、東京への一極集中が解消されていけば、結果として東京の価値が上がることにもつながる、とも言えます。

本来、こうした長期的な国家ビジョンについては、国会でもっと議論されるべきテーマです。しかし実際には、目先の政策どころか、「疑惑」「失言」といった話に終始することも珍しくないのはご存知の通りでしょう。地方創生担当大臣の時にも、もっとお話ししたいことはたくさんありました。

やはり「不都合」や「不利益」に関する議論は避けられてしまいがちなのでしょう。

しかし、本当は語れば国民はわかるはずだ、と私は確信しています。

10　外交の場では歴史の素養が求められる

フランス国防大臣との論戦

二〇〇三年、シンガポールで各国の国防大臣が集まった会合がありました。当時、フランスの国防大臣はミシェル・アリヨ＝マリーさんという女性で、日仏の防衛大臣会合ではイラク戦争の是非を巡って議論が交わされました。

アリヨ＝マリー大臣は「イラク戦争は国際法上容認されるものではない」という立場で議論され、私は国際法上も一定の正当性が認められるという立場で議論しました。大臣は弁護士の資格も持っておられ、国際法の観点や中東の歴史などを踏まえたうえで、滔々《とうとう》と自説を述べられました。これに対して私も何とか自分の持つ知識をフル稼働させて反論をしました。

こういった場では、一定程度、知識の基盤を共有できていなければ議論になりません。

国際法や、アメリカの歴史、イラクの歴史等々について知っていることは議論の前提になってしまうからです。

このように、外交や安全保障など国家・国益を体して他国のカウンターパートと向き合う際には、少なくとも相手の国の歴史や制度、そこから生まれた考え方について知っておかなければなりません。

また、今後を見通すためにも、各国の首脳の考え方、そのバックボーンとなる歴史などを知っておく必要があります。

米ソ対立と米中対立

たとえば米中の対立をどう見るか。かつての米ソの対立と同種のものだと捉えては見誤ります。ある意味、米ソ冷戦よりも複雑で深刻だと考えておくべきだと思います。

アメリカとソ連との対立は、つまるところイデオロギーと軍事という二つの点での対立という、構造的にはシンプルなものでした。

イデオロギーのほうでいえば、「資本主義」を修正して人類を進歩させるはずの「共産主義」は、それを現実化しようとするマルクス・レーニン主義の過程で多くの矛盾を生じることとなり、「自由と民主主義」に代表されるアメリカの価値観に対峙することはできても、勝つことはできませんでした。

軍事力のほうは、ある時期までは拮抗し、均衡するようになりました。双方とも核兵器、大陸間弾道ミサイル、原子力潜水艦等々、細かい性能は別として同じようなものを持つようになり、特に核兵器の甚大な破壊力によって「使えない兵器」「抑止力」「冷戦」という概念や構造が生まれました。

しかしこれも一九八〇年代になり、レーガン米大統領がスターウォーズ構想（SDI）を打ち出した頃から、米国が優位になっていきました。

イデオロギーでも軍事でも、それを支えるのは経済力であり、その点でソ連はアメリカに勝てなかった。これがソ連崩壊の要因になったというのは定説でしょう。

個人的に興味深かったのは、ソ連崩壊の際に、ソ連軍が動かなかったことです。一体どこに行ったのだろうという感じでした。彼らはゴルバチョフ側にもエリツィン側にも立たなかった。

本来、体制側にいる軍隊は、体制崩壊を止めるために動いてもおかしくありません。歴史を見ればそのような事例は多くあります。

ところがソ連においてはそのような現象は見られなかった。彼らは決して共産党の軍隊ではなく、ロシア以来の国家の軍隊だったからだと考えれば腑に落ちます。

なぜこのことを述べているかはおわかりでしょう。米中対立を考えるうえで、米ソ対立との違いを考える必要があるからです。

そして、「米中」対立は「米ソ」対立よりも深刻だという所以はここにあります。中国は、マルクス・レーニン主義のような明確なイデオロギーを打ち出しているわけではありません。中国共産党の一党独裁ではあるけれども、共産主義を軸にしているわけではまったくない。

一方で、人民解放軍は、国家ではなく中国共産党の指揮下にあり、国民の軍隊だったことは一度もない。

中国経済はといえば、崩壊直前のソ連とは比べ物にならないほどの強さを誇っています。ソ連の末期のＧＤＰは世界全体の三％程度でした。主な輸出品といっても、キャビア、ウォッカ、パルプの他にはマトリョーシカだろうか、といったイメージだったのです。アメリカの敵ではなかった。

ところが中国は現在、世界全体のＧＤＰの一五％を占める地位にまでなっています。

成長も止まっていません。

経済面、軍事面でアメリカと対立する存在となり、その構図が変わる気配はまるでない。対立構造は先鋭化する一方です。

各国首脳の思考回路は

アメリカは世界一であることが国のアイデンティティに直結している、ユニークな国です。多くの移民を活力にしている国ですから、世界ナンバー1の魅力ある国として君臨し続ける必要があるということです。それだけに、彼らは常にナンバー1を脅かす存在を脅威だと考えます。

そのアメリカのGDPを猛烈な勢いで中国が追い上げている。

軍事面においてアメリカのナンバー1の座は当分揺るぎません。しかし中国の軍事力の伸び率や周辺諸国への強圧的な態度は、アメリカが脅威だと思うに十分なものがあります。そしてそれは、残念ながら杞憂とは言い難い。

この構造を前提として、日本は戦略を考えなければなりません。

その際、日本を中心に物事を考えてしまうと、これまた見誤るおそれがあります。正確に状況を把握するには、アメリカからの視点と、中国からの視点、それぞれを考えなくてはならず、それにはどうしても歴史的な背景知識が必要です。

これは、アメリカにおもねるべきだとか、中国に近寄るべきだとか、そういう単純な話ではありません。日本の国益を最大化するためには、両国、そしてその他の関係国も含めて、指導者の国内における立場と個人的な考え方を頭に入れなければなりません。バイデン大統領、習近平国家主席、プーチン大統領、メルケル首相、ジョンソン首相等々、それぞれのリーダーがどのような思考回路を経るのかを想像する必要があります。

ともすれば、米中が対立している状況について「アメリカ、よくやった！」などと思い、喝采を送っている方もいらっしゃるかもしれません。しかし、我が国の国益を最大化するためには、単にアメリカに追随していればいい、ということにはなりません。

トランプ氏からバイデン氏に大統領の座が移る頃、「バイデンは親中派だから中国に甘くなるのではないか」といった予測をしている方もいました。一方で、アメリカの民主党の人権重視の姿勢を考えれば、中国に融和的にはなるまいと予測していた方もいました。現状を見る限り、後者の見立てのほうが正しかったようです。

たしかに、ニクソン大統領の時のように米中が急接近して、日本がつまはじきになるよりは現状のほうが日本にとってメリットがある、というのはその通りでしょう。

しかし、バイデン政権の人権に関する強硬な姿勢は、もしかすると日本に対しても向けられる可能性があることは考慮しておかなければなりません。私たちが終わったことと思っている歴史認識に関することが、再度問題化されるリスクもあります。「中国は人権無視だから当然だ、ざまあみろ」などと安易に思っているだけでは、攻撃対象が私たちになったときに対処できません。

あらゆる事態を想定しておくことが政治家には求められ、そのためには寸暇を惜しんで本を読む、識者にお話を伺うなど、勉強をし続けることが絶対に必要であると考えています。

11　常態化している政治不信を看過してはならない

「国滅び教」と揶揄されて

「そもそも、政治不信とは何でしょうか。

政治家の言葉を国民が信用しないということです。

しかし、この事態を嘆く前に、政治家は自らに問うべきです。では、自分たち政治家は、国民を信用しているのか、と。本当のことを言っては票を減らしてしまう、お金にならない安全保障の話をしても票につながらない、といった考えで、自らが本気で信じていないような甘い言説を撒き散らしてはいなかったか。国民を信用しない政治家が、国民に信用されるはずはありません。

私は、日本国民を信じています。だからこそ、その場しのぎの楽観論を書こうとは思っていません」

この文章は自民党が野党だった頃、二〇一二年に上梓した『国難』という拙著の一節です。

「このままゆけば、間違いなく国は滅びる。我々のように、満喫とは言わないまでも国の繁栄を味わった世代はまだよいが、今の子供たちはあまりに可哀相というものだ」

こちらはさらに昔、一九九六年に月刊誌に書いたコラムの一節です。

「お前は昔から暗いな」と笑われそうですが、その頃ももっぱら「心配性の石破」と言われ、一部では「石破茂の国滅び教」などと揶揄される始末でした。

放置した問題のツケが回ってくる

なぜこのような昔の文章を引っ張り出してきたかといえば、コロナ後の日本は、これまで正面から向かい合っていなかった問題のツケがより深刻な形であらわれる、と考えているからです。ますます「その場しのぎの楽観論」が通用しなくなります。

安全保障ひとつとっても、日米関係が良好なのはとても良いことなのですが、すべてをアメリカに依存している状況は決して好ましいとは言えません。「アメリカが守ってくれる」という楽観論に陥ってはならないのです。

実はGDPに占める防衛費の割合は、民主党政権時代よりも、その後の自民党政権下のほうが下がっていることを忘れてはならないでしょう（金額は別です）。

すでにコロナの影響を大きく受けているのが、少子高齢化問題です。出産も婚姻も数が激減していて、このままではコロナ前の見通しよりも十八年も早く出生数が七五万人台に落ち込むと見られます。これもコロナが収束すれば何とかなるという問題ではありません。

このところ地元、鳥取でも、感染対策に十分配慮したうえで、少しずつ街頭演説を再開しているのですが、以前にはなかった困りごとがあります。聴衆の方、有権者の方がマスクをしているので、初対面の方の顔を覚えるのがとても難しいのです。また、感情を読みとるのも難しい。ソーシャルディスタンスを取っているので余計に困難です。

こういう状況では、恋愛感情も生まれづらくなる、と言っていた方があったのですが、その通りだなと強く感じました。相手の顔もよくわからないし、距離を近づけることが難しい。これでは婚姻数の減少傾向にも当面歯止めがかからないのではないか、という気がしてなりません。

もちろん、結婚をするもしないも個人の自由です。しかし政治としては、結婚したいと望む人が安心して結婚できる環境を整備する必要があります。

もともと少子高齢化は日本が抱える最大の課題の一つでした。このままでは八十年後には人口が今の半分以下、五千二百万人ほどになり、しかもその構成は高齢者が多数を占める、というシミュレーションが五年前からなされていました。世界の人口は増え続ける中で日本の人口が半分になるということだと、相当な努力をしない限り国力の低下は避けられません。また、「世界に冠たる」といわれる国民皆保険をはじめとする医療、年金、介護の社会福祉システムの持続可能性も危うくなってしまいます。

コロナ前から喫緊の課題であったこの問題が、コロナの影響で加速化しています。しかし、その対策に国として全力で取り組めているでしょうか。このままでは二百年後には人口は十分の一になるという試算もあるのです。

転落した日本経済

経済に目を向けても、コロナが収束したら急上昇するということはあまり期待できません。

コロナ禍以前から、いつの間にか日本の労働分配率はＯＥＣＤの中で最低クラスになってしまっていました。要するに富める者はより富み、貧しい者はより貧しく、という傾向が強くなっているのです。一所懸命働いているのに、暮らしが楽にならない人、世の中が良くなっていると感じられない人が多くなっている、ということです。

国民一人当たりの名目GDPも一九九五年を境に低下しています。当時はOECD加盟国の中で三位、G7の中では一位だったのが、現在はG7で六位になっています（こうなるまで多少の上下はありましたが）。

企業の利益が労働者に還元され、可処分所得が増えていかなければ、個人消費は伸びません。そして個人消費が伸びなければ経済は持続可能な形で発展できません。

本来、設備投資も賃上げも、企業による投資という意味では同じはずです。そして企業が成長するために設備とともに人材にも投資をしなければならないのは、本来当然のことなのですが、あまりにもデフレが長く続き、その間コスト抑制のために人件費を削減することを続けすぎたので、マインドそのものが変質してしまっているのではないでしょうか。

これを変えるには、政府による人材育成投資をより一層進めるとともに、企業の利益がもっと労働者に還元されるように促すための政策として、税制を変えることによるインセンティブも考えなければなりません。

民間を動かすための何らかのインセンティブ措置は、コロナ対策でも考えていくべきだと思います。飲食店に対して時短要請や「お酒を出さないでください」とお願いをすることをずっと続けていますが、たとえば一定の基準で対策をお願いし、それを明確にクリアしている店舗については「二十一時まで営業可能」といった施策を取らないと、今後の継続的な協力は望めないのではないでしょうか。

「また今度」では済まない

少子高齢化対策、経済の立て直し、いずれもコロナ禍よりもはるか前から存在していた大きな問題です。しかし抜本的な転換には至らないまま、今日に至り、コロナ禍によってより深刻化してしまいました。

なぜわかっていた問題なのに解決に至っていないか。言うまでもなく私たち政治家の責任は非常に大きいといえます。

原因はさまざまでしょうが、放置したり、先延ばしにしたりしてはいけない問題があるにもかかわらず、どうしても短いスパンでの議論や解決策を優先してしまう傾向があることは否めません。

そして「このままでは国が滅びる」といった話は選挙などではあまり受けないので、どうしても避けてしまいがちです。四半世紀前、私が「国滅び教の教祖」などと揶揄されたのはすでに述べた通りです。

たとえ政府として大きなテーマの議論を掲げても、本題に入る前に、野党はその時々のスキャンダルを追及しがちであり、与党もこれに応じざるを得ず、結果的に「大きな話はまた今度」となってしまう。その繰り返しになっています。

それで結局どうなるかといえば、抜本的な対策が打てないまま、問題は大きくなるばかりです。私はもっと国民を信用して、本質的な問題を議論し、もっと中長期的かつ抜本的な解決策を提示しなければならないと考えています。

この問題については次の項でもお話しします。

12　東京の家庭は所得が多いのに日本一豊かではない

国民の豊かさを考え直すデータ

前項で、少子高齢化や経済など大きな問題についての議論が進まないまま時が過ぎてしまっていることに触れました。

たとえば日本の一人当たりＧＤＰはＧ７で下位にあり、それを改善する見通しも立っていないとご説明しました。一人一人の収入が増えなければ経済が伸びるはずがありません。

たとえばこのために税制を見直すという視点を前項で述べました。企業の利益がより従業員に還元されるような仕組み作りが必要だ、ということです。

関連して、この項では国民の豊かさについての興味深いデータから話を始めてみましょう。

四十七都道府県の中でもっとも経済的に豊かなのはどこだと思われるでしょうか。おそらく多くの方は「東京」と思っていらっしゃるのではないでしょうか。

これは統計によっては正解で、厚生労働省の発表している「賃金構造基本統計調査」では都道府県別賃金の一位は東京で三七四万円となっています（令和二年版）。そのあとに神奈川、大阪、愛知と続きます。これだけを見れば「やっぱり東京は豊かなんだな」と思われても無理はありません。

しかし、別のデータからはまったく異なる現実が見えてきます。

国土交通省国土政策局が発表している「都道府県別の経済的豊かさ（可処分所得と基礎支出）」という資料があります。

これによると、可処分所得の順位は全世帯平均で見た場合、東京は三位で一位は富山県、二位は福井県です。

それでもまだ東京は上位ですから、意外性はないかもしれません。

しかしこの資料では可処分所得の「中央世帯順位」も示しています。平均にするとどうしても富裕層が多いところの平均は上がってしまうし、貧困層の多いところは下がってしまいます。それぞれの都道府県での平均的な世帯の可処分所得を比べてみよう、ということで、可処分所得の上位四〇%～六〇%の世帯の平均を出して比較したのがこの順位です。

この順位を上から見ると、富山、三重、山形、茨城、福井、愛知、神奈川、埼玉、京都、新潟がベスト10。岐阜が続き、東京はようやく十二位にランクインします。つまり富裕層や貧困層を除いた「平均的な世帯」の可処分所得を比べると、東京は決して上位ではないことになります。

東京が最下位に

さらに資料では「基礎支出順位」も示しています。先の「平均的な世帯」における基礎支出（食料費や家賃、光熱費など）です。これが多いほど、生活にかかる基本的な出費が多いことになります。こちらは当然、東京が一位で神奈川、埼玉、千葉、京都、大阪と大都市を抱える都府県が並びます。逆に一番出費が少ないのは大分で、次いで宮崎、沖縄、佐賀、鹿児島、長崎、高知と九州、四国が並びます。

中央世帯の「可処分所得」から、この「基礎支出」を引けば、食・住関連以外に出費できる金額が出ます。その順位を見ると、一位三重、二位富山、三位茨城……で、東京は四十二位になっています。要するに可処分所得が十二位であっても、出費が多いので、実際に使えるお金はかなり少なくなるわけです。ちなみに東京の下は大分、大阪、長崎、青森、沖縄となっています。

これだけでも東京の方にとっては気分が良くないかもしれませんが、さらに資料では参考値として、ここから「費用換算した通勤時間」を引いた順位も出しています。都道府県の平均的な通勤時間を算出して、それをお金に換算してみたうえで、所得からひいてみるのです。一般的な考えとして、通勤時間が長いことは自由に使える時間が短くなることにつながります。

こうして「可処分所得」から「基礎支出」を引き、さらに「通勤時間（の費用換算分）」を引くとどうなるか。

上位は三重、富山、山形、茨城、福井。東京はここでついに全国で最下位、四十七位となります。

もちろん、これは一つの統計にすぎません。しかし、東京こそが豊かであるという、これまでの前提を考え直すには重要な視点を提示しています。首都にはもっとも富と人材が集中する。そんな常識ももはや古くなってきているのかもしれません。

なぜこんなデータをご説明したかといえば、国のグランドデザインと直結すると考えるからです。

余談ながら興味深いのは、これを国土交通省の一つの部局が出しているという点です。国交省はかつて「国土庁」だった頃は、総理府の外局でした。そのため国家のグランドデザインを内閣総理大臣に出す立場にあったのです。だから今でもこうした資料を作っているのでしょう。

ともあれ、この統計を見れば東京に住んでいる人の幸福度が高いかは疑問に思われることでしょう。

これからの日本は「自立精神旺盛で持続的な発展を続けられる国」を目指すべきだ——これは私の持論です。大筋で多くの方が賛同してくださるのではないでしょうか。しかし、その実現のためには国のグランドデザインも見直していく必要があるでしょう。

その際、国民一人一人の幸福度はとても重要な要素となります。そしてそのためには、たとえば一人当たりＧＤＰを最大化していく必要があるでしょう。

明治以降のシステムの限界

おそらく明治以降作ってきた日本のシステムは限界にきているのではないか。そのように考えています。以前の著書でも書いたのですが、日本は明治維新以降、五十年ごとに国を作り変えて成功してきた国です。明治維新からの五十年で欧米列強からの独立を果たし、昭和初期からの五十年は大戦、敗戦から占領を経て奇跡的な復興と高度成長を成し遂げました。

しかしこの高度成長があまりにもうまくいきすぎたので、そのあとシステムを見直すことを怠ってしまった。もういい加減、このシステムを見直し、新たなグランドデザインを考えなければなりません。

さきほど述べた東京の中間層の問題の他にも、「何かおかしいのでは」と感じられることは皆さんの身近なところにもあるはずです。

子育てをしている方であれば、教育の格差が気になることでしょう。たとえばいつの間にか東大に入れるのはお金持ちの子弟が中心になってしまった。東大生の家庭の収入が平均よりも格段に高い、といったデータがあります。これが格差の再生産を生む可能性は極めて高い。おかしな話です。

また、日本の税金は決して高いほうではありません。北欧など高福祉国家に比べればはるかに安く、しかも高度な医療を格安で受けられる。治安の良さも折り紙付きです。ところが日本の納税者の満足度は極めて低い。つまり「払っただけのことはある」と思っている方がとても少ない。

これもシステムに限界がきていることのあらわれだといえます。日本のグランドデザイン、といった大きなテーマは国会などでもほとんど議論されません。しかし、それではもう国が立ち行かないのではないか。大きな議論をするためにはどうすればいいか。これについては次項でまたお話しします。

13 「そもそも論」を軽視する風潮を憂慮する

「評論家じゃないんだから」

自民党総裁選が、九月二九日に開票となり、私の支援した河野太郎氏は二位に終わりました（注・二〇二一年のこと）。この間、ご支援いただいた方には心から御礼申し上げます。そして論戦が終わり、結果が出たからには一致結束するのが自由民主党。岸田（文雄）新総裁のもと、国民、国家のためにできる限りのことをしていきたいと考えております。

さて、前項のお話の続きです。国のグランドデザインのような大きな問題を政治は考えていかなければならない、そうしないと日本は立ち行かなくなる、といったことを書きました。

これはずっと私が訴え続けていることでもあります。

ところが、こういう話をすると「そんなことはいいから、どうすれば解決できるのか。早く答えを言え」といった反応が必ずあります。あるいは「評論家じゃないんだから早く案を出せ」と。

しかし、ワンポイントの政策で解決できるような話ではないからこそ、ある意味仕方なく先送りされてきたともいえるのです。

仮に日本が抱える諸問題について「こうすれば一発解決」式の話をする政治家がいるとすれば、私は信用できません。

たとえばすでに述べたように税制を変えることで好転することはあるでしょう。それによって個人の可処分所得を増やすことはできる。経済を好転させるきっかけにはなりえます。

また、近年私が取り組んできた地方創生も持続的な国づくりには欠かせない政策です。できることはすぐに実行に移すべきでしょうし、大臣でいる間に手をつけ実現させたことも数多くあります。

しかし、これら個々の政策でグランドデザインを変えることはできません。一つの内閣だけでできるものでもありません。

そろそろ与野党関係なく、共通の地盤で議論をする必要があるのではないでしょうか。その場合には、共通の資料、認識が必要となります。たとえば前項でご紹介した国交省の資料もその材料となることでしょう。

国のグランドデザインをどうすべきか、といったことは前述の通りあまり受けません。「そもそも論」のようなものは一般の国民にも好まれないのです。しかもこの先、政治は「果実の分配」のような美味しい話だけではなく、むしろ「不利益の分配」について正直に国民に伝えなければなりません。

政治家も官僚もメディアも「そもそも論」を避け、また時には嘲笑し、「そういう話はまた今度」と先延ばしにし続けてきました。

その結果、少子高齢化に歯止めがかからず、経済も伸び悩み、格差の拡大に多くの人が不満をいだく状況が続いています。そしてコロナ禍によってより事態は深刻になっています。

もちろん急いで手を打つべき政策は多々ありますが、〝そもそも〟魔法の杖のような政策は存在しないということを直視すべきです。その上で、自公のみならず責任ある政党であれば共有できる問題意識はあるはずで、そこから大きな議論をすることが必要なのです。

憲法改正の目的

第二次安倍政権下で、憲法九条の改正を優先させる改憲論議が進みかけたことがありました。自衛隊を明記する条項を加える、というものです。

この時、私は異論を唱えました。それまで自民党内で決めていた改憲案とはまったく別の思想によるものだったからです。そして、〝そもそも〟何のための改憲なのか、がかえってわからなくなってしまう懸念があったからです。

が、当時の私の意見はかなりのご批判を浴びました。「とにかく改憲するのが優先なのだ。お前のそもそも論なんて聞いていたら時間がかかって仕方がない」というところでしょうか。私は、憲法改正は最終目的ではなく手段であると考えているので、こうした考え方には賛成できませんでした。

しかし、コロナ禍で日本が直面した問題もまた、そもそも論を避けてきたツケなのではないでしょうか。コロナ対策のロックダウンに関連して、にわかに「緊急事態条項が必要だ」という議論が提起されましたが、〝そもそも〟緊急事態条項とは何か、ということを平時から冷静に考えてこないから、何かあった時に的を外した大騒ぎになるのです。

以前、日本国憲法に緊急事態条項がないことについて持論を書いた私の文章を、以下に引用してみます。

「国家とは、国民の自由や権利、言論の自由とか結社の自由、集会の自由、思想・信条の自由、そういうものを絶対に守ってくれる存在であってほしい、あるべきだという点においては多くの人が合意するはずです。（略）

国家そのものが危機に瀕したときに、その国家なるものを守る目的に限局して国民に義務を課し、国民の権利を制限する。これは当然のことです。国家がなくなってしまえば、個人の自由も権利も守られなくなるでしょう。

このような意見に対しては、かならず感情的になって『それは国民を戦争に導く論理だ』、『国家よりも国民が大事だ』と叫ぶ人が現れます。けれども、ここで言っているのは、あくまでも戦争（有事）などの非常事態における対処として、期限を区切ってのことです。こうした条項は、どの国の憲法にも定められているものです。かつて我が国の大日本帝国憲法においては、非常大権を陛下がお持ちでした。

ところが、今の日本国にはそのような権限はどこにもありません。日本国憲法にはそうした条文が存在しないのです。これが、一つ目の欠けているものです」

これは以前も引用した拙著『国難』の中の文章で、二〇一二年、野党時代に書いたものです。

もしもこの当時から、国家の存亡にかかわるような事態における行政権への時限的委任について国民的な議論をしていれば、コロナ禍における私権制限についても、国民の間で一定の共通理解があったのではないでしょうか。今に至るまでほとんどこれを議論してこなかったことが、コロナ対策の迷走の一つの背景にあったと思うのです。

このように考えると、「そもそも論」がとても大切だということも共感していただけるのではないでしょうか。与野党を問わず、大きな議論をする必要があるという認識を共有したいものだと思います。

14 「いっそ新党を作れ」の声に答える

文句があるなら出て行けという人

あちこちで自分の考えを述べていると、さまざまな声をいただきます。ネット配信された際に寄せられるコメントにはなるべく目を通すようにしています。

その中で多いのは次の二つでしょうか。

「いっそ新党を作ればいいじゃないか」

「そんなに文句があるのなら自民党を出て行け。足を引っ張るな」

前者には期待を込めて書いてくださる方もいらっしゃるのでしょうが、後者については長い間、寄せられてきた批判です。

私は政治家になってから一貫して「自分が正しいと思うことを自由に述べられなければ、政治家になった意味がない」と考えています。また、自民党は多様な意見により強さを増す――言い換えれば国民の支持を得る――政党だと思っています。ですから、異論に対して「足を引っ張るな」というのは的外れですし、そのような言説はむしろ「ひいきの引き倒し」になり、自民党を強くすることにはつながらないと思います。

「新党を作れ」という声については、一度党を出た経験があるからこそ、「青い鳥は外にいるわけではない」というのが実感です。少し昔話をさせてください。

なぜ私は離党したのか

一九九三年六月、宮澤喜一内閣に不信任案が提出されました。細かい経緯は省きますが、この時、自民党内に賛成に回った議員が多く出ます。私もその一人でした。この直後に離党して新党を作ったのが小沢一郎氏や武村正義氏です。小沢氏は賛成してから離党、武村氏らは反対したのちに離党して行動を起こしています。

その後、私はしばらく離党はせず自民党に残っていたのですが、直後の総選挙では公認をもらえず無所属で出馬し、トップ当選というありがたい結果をいただきました。その後、新党に参加することを決意したのは、河野洋平自民党総裁（当時）の下では、憲法改正論議を凍結する、という方針だったことが原因でした。

長年、憲法改正を党是としてきた自民党が下野したからといって、その旗を降ろすというのはまったく理屈に合いません。他方、小沢氏率いる新生党は集団的自衛権の行使容認を政策として掲げ、憲法改正にも積極的だということで、私は「本来の保守は新生党になったんだ」と思い、入党することにしたのです。

ところが実際には、そうした政策論議が党内で行われることはほとんどなく、来る日も来る日も権力闘争が繰り返されているという有様でした。憲法改正や安全保障問題など私が重要だと思うようなことを、党内で議論しても、それが党としての政策に反映されることはなかったのです。本格的な政策論議をするため、というお題目で小選挙区導入を推進したはずなのに、目にしたのはそんな理想とはほど遠い現実でした。

新生党はいくつかの新党と合従連衡したのちに新進党となりました。大きな党となり、自民党と対峙して二大政党制を確立する、その政治改革の夢が実現したかのように見えました。しかし総選挙直前になってその新進党が打ち出したのは、「集団的自衛権は行使しない」「消費税はこれ以上上げない」等といった、それまでとはまったく異なる政策でした。

こうして、私が自民党を離党してまで取り組もうとした政策は、ここでもまた否定されました。

結局、次の総選挙では再度無所属として立候補し、当選を果たしたのち、私は自民党に復党します。

この一連の行動を批判的に見る方がいることは承知していますが、私自身の主張は初当選の時からさほど変わっていません。憲法改正、集団的自衛権の全面的行使を可能とすること、地方分権を推進すること。そして二世やタレントでなくても国会議員を目指せるような環境を実現すること。

その後、自民党は再び憲法改正を目指す姿勢を明確にしました。そして、その他の政策でももっとも私の主張と合致するのが自民党なのです。

また、イデオロギー政党ではなく実に日本的な存在である点も自民党の魅力の一つです。原理原則に縛られない、良く言えば融通無碍《ゆうずうむげ》な政党です。

イデオロギーを至上のものとしている人の目にはともすればいい加減に映るかもしれませんが、この自民党の現実的なところが多くの日本人の感性に合っているのではないか、と私は思っています。

そんなわけで「新党を作れ」や「党を出て行け」といったご意見に従うことはできな

いのです。

谷垣総裁下での新綱領

私が復党した後、二〇〇九年になって、再び自民党は下野しました。麻生政権の時で、私自身も内閣の一員（農水大臣）でしたからその責任は感じています。

当時、民主党による新政権に業務を引き継ぐため、選挙の後に農林水産政策の細かい方向性などについて文書を作成していた時のことです。自民党内のかなりの重鎮の方々から、総裁選に出馬しないかというお話がありました。

しかしその時、私は谷垣禎一氏をおいてこの難局に適した総裁はいないと確信していました。

「国民が自民党に猛省を促した後の総裁として、谷垣総裁ほど適任だった方はいないと思います。特筆すべき誠実さ、人柄の良さ。それこそが、与党時代の自民党に欠けていると国民が思ったものでした」

これは当時、拙著（『国難』）に書いた文章です。

その谷垣総裁の下で私は政調会長を拝命しました。そこで自民党に欠けていると思われていたもう一つの要素、すなわち政策立案能力を高めるために、多数乱立していた部会をわかりやすく集約したり、年次にかかわらず政策的な能力や説明能力の高い議員を部会長に抜擢したり、といった改革をやらせていただきました。そして伊吹文明先生にとりまとめをお願いし、党内で侃々諤々《かんかんがくがく》の議論を重ね、二〇一〇年には新しい綱領を作っていただきました。

共産党と比べると、自民党の綱領が話題になることは少ないのですが、この時の綱領はとても良くできていると今でも思います。いくつか抜粋してみましょう。

「勇気を持って自由闊達《かったつ》に真実を語り、協議し、決断する」

「多様な組織と対話・調整し、国会を公正に運営し、政府を謙虚に機能させる」

「努力するものが報われ、努力する機会と能力に恵まれぬものを皆で支える社会。その条件整備に力を注ぐ政府」

下野した際の反省を十分に生かしたこうした綱領を目にして、自民党は変われるかもしれない、その本質を取り戻すことができるかもしれない、という期待を抱いたものです。そう感じてくださった支持者の方もいたことでしょう。実際に、谷垣総裁時代に自民党はかなり生まれ変わったのだと思います。

最近、こうした期待を抱いてくださっていたはずの昔からの支持層の心が離れていっているように感じることが少なくありません。

綱領から言葉を引けば、勇気を持って自由闊達に真実を語り、政府を謙虚に機能させる、そうした姿勢がいま一度必要とされているのではないかと思います。

15　安全保障に関する素朴な疑問と疑念に答える

以下は、『日本人のための「集団的自衛権」入門』の中で「対話編」として収録したものの一部です。よく聞かれる質問や、投げかけられる疑念に対して回答するという形式で書いてみたものです。防衛に関する基本的な考えを知っていただくのに今でも良い材料であると思った部分のみ抜粋、再構成しました。

地球の裏側で戦争するつもりでは？

「石破さんや自民党は、集団的自衛権の行使を認めさせることで、自衛隊が地球の裏側まで行って戦争ができるようにしたいのではないでしょうか？」

こういう言い方をする方は、よくいらっしゃいます。

「〇〇政権は、自衛隊を使って地球の裏側で戦争をさせたいんです！」

特にテレビなどではこういう風に言うと、ある程度のインパクトを視聴者に与えることができるのでしょう。最近では、民主党の岡田克也元代表が、国会の質疑で「アメリカと一緒に地球の裏側に行って戦争をすることもありえる」といったことを仰っていました。

確かに集団的自衛権を行使する際に、自衛隊が「地球の裏側」にまで行く「可能性」があるのは間違いありません。

しかし、言うまでもないことですが、それはあくまでもその必要がある場合に限られる、ということです。

わが国の独立と平和、安全のために必要であれば、そしてそのことを国会が承認すれば、自衛隊が地球の裏側に行く場合もまったく無いわけではありません（ただし、現時点ではそういうケースは非常に考えにくいでしょう）。

一方で、必要がなければ隣の国であっても行かない。

つまり地理的な条件ではなく、あくまで必要性に基づいて判断するのです。

集団的自衛権の行使でなくとも、起きたケースによっては個別的自衛権の行使として「地球の裏側」に行くことも可能性としては全くゼロではないでしょう。仮に「地球の裏側」の国が、日本を攻撃してくるようなことがあれば、その国に対して、個別的自衛権を行使して攻撃をすることは、現在の法解釈の上でも可能です。

必要とあらば「地球の裏側」に行く可能性がある、ということを示しておくのは意味があります。何か乱暴なことをしようとしている国が、

「そうか、日本も必要ならばやってくるのか。自衛隊も結構強いようだから、無茶なことはやめておこう」

と思ってくれればいいのです。それが「抑止力」です。

この質問には、集団的自衛権や憲法第九条改正に関連した議論をしていると、よく出てくる「レッテル」がもう一つ含まれています。それは「自民党は戦争をやりたがっている」という印象を国民に与える言い回しです。

こんなことを今さら言うまでもないのですが、自民党が戦争をやりたがっているはずがありません。いや、私に限らず少なくとも日本の政治家でそういう人にお目にかかったことがありません。

そもそも今の日本にとって、どこが相手であってもこちらから戦争をしかけるメリットは皆無なのです。人は死傷する、お金はかかる、世界中からは非難の嵐……。何にもいいことはありません。

それでも「石破は戦争をしたがっている」といった類の嘘を言う人がいるならば、それは私の不徳の致すところです、としか申し上げようがないのですが、こういうレッテル貼りをする人には、「戦争をしないために軍隊を持つのです」ということをいくら言っても理解してもらえません。

「だって、毎日、人殺しの訓練をしているじゃないか」

というわけです。

こういう人たちは、空手やボクシングの選手たちに対しても「人を殴る練習ばかりしている乱暴者だ」と言うのでしょうか。

過去の歴史を見ていると、「戦争反対！」と声高に言っている人が、急に一八〇度転回するということはあったように思えます。単なるスローガンや意図的なレッテル貼りは、論理が脆弱であり、また危険ですらあると考えます。

ソフトパワーの時代ではないか？

「武力によって平和を維持するという考え方そのものが古いと思います。もっと平和的な外交、ハードパワーだけではないソフトパワーによる外交、人と人との交流などを進めていくべきであって、軍事力で安全を守るという考え方は時代遅れではないでしょうか？」

ソフトパワーというのは、軍事力以外の力、価値観の共有や人的交流や文化交流などのことを指します。文化やスポーツなどで普段から交流を深めておけば、友好関係を築きやすいでしょうし、不要な対立を招く可能性も低くなるでしょう。それはとても大切なことです。

しかし、そもそもハードパワーとソフトパワーは二者択一すべきものではありません。ソフトパワーなきハードパワーは単なる暴力ですし、またハードパワーなきソフトパワーは単なる幻想、理念です。

だからこそ世界で軍隊が無い国は、まずありません。コスタリカには軍隊がない、とされていますが、軍隊と称する組織がないだけで、いざという時には、普段は警察をやっている組織が軍隊を兼ねることになっています。警察が一人二役を務めるわけです。

もちろん、常日頃の外交力は強化しなければなりません。それは今後も努力し続けます。しかし、軍事力あっての外交力という面はたしかにあるのです。

国の外交力は、さまざまな要素から構成されています。そこには文化的交流もあるし、ODAなどの経済援助もあるし、集団的自衛権を含む安全保障の力もあるし、武器輸出も重要な要素です。戦後、日本は経済援助を曲がりなりにもやってきましたが、台所事情からその力が最近やや落ちている感は否めません。

そこに加えて、集団的自衛権を行使可能とせず、また武器輸出という面でも他国と連携をしていないというのが日本の現状です。

武器輸出、もしくは他国との武器の共同開発というとアレルギー反応を示す人もいます。「死の商人になるのか！」というわけです。

しかし、歴史や現状を冷静に見ると、そう単純な話ではないことがわかるはずです。この点について、少し説明をしておきましょう。

私は、日本が太平洋戦争の開戦を決意するに至った要因の一つとして、軍艦や戦闘機などの兵器すべてを自国で賄《まかな》えるようになったことが挙げられるのではないかと考えています。

日本が最後に外国に発注した戦艦は、日露戦争後にイギリスのヴィッカース社に発注した「金剛」です。それ以降は、すべて国産となりました。

かの有名な零式艦上戦闘機（零戦）も、もちろん国産です。国力に圧倒的な差がある英米との開戦に大きなリスクがあることは当然認識されていましたが、「量を質で補う」との考えの下、血のにじむような努力の末に開発された当時世界最高の性能を持つ零式戦闘機は、開戦前年の一九四〇年に帝国海軍に制式採用されたのでした。これもまた当時世界最高の性能を持つ戦艦「大和」は、開戦直後の一九四一年一二月に就役していす（当時の人々の、優秀な兵器の開発に携わる熱意や想いは、吉村昭氏の『零式戦闘機』や『戦艦武蔵』にとてもよく描かれています）。

明治維新からわずか七〇年余りでこのような技術を持つにいたった日本人の姿は実に感動的です。しかし、自前で高性能の飛行機や戦艦を作る能力がなかったとすれば、あの戦争を始める決断はなされなかったのかもしれません。

紛争を助長させない、との厳格な基準の下に、日本が武器を輸出したとして、その輸入国がもしさまざまな事情によって国際秩序を乱すような行動に出ようとした時、日本が輸出を止めると意思表示することは、その国の行動を思いとどまらせることになるでしょう。

日本は今、同盟国であるアメリカの技術に相当程度依存しています。戦後我が国は一貫して平和国家として歩んできましたし、これからもそうあらねばなりません。しかしアメリカと日本の強い信頼関係の一部として、「武器の技術を共有している」ことが大きな要因であることも、また確かです。

また、アメリカ等は武器輸出をすることで、結果としてその軍事力の強さをアピールできているという面もあります。

現状、世界の潮流は「武器の共同研究、共同開発、共同生産、相互連携運用」という方向に向かっており、その傾向は冷戦後とくに顕著になりつつあります。

画期的な新兵器の開発には膨大な予算を必要としますし、開発にも大きなリスクが伴います。各国の財政難もあり、できるだけこれをシェアし、多く生産することによってコストを削減することには大きなメリットがあります。また、国連の要請などによる国際的な連携の下に多くの国が参加するオペレーションを展開するには、できるだけ武器やシステムが共通である方が望ましいことも当然です。故障が発生したり、一時的に不足が生じたようなときに、簡単に修理できたり、部品を融通しあうことのメリットは計り知れません（これをインターオペラビリティと言います）。このような国際的な流れの中、武器輸出についての考え方を徐々に見直すことが必要となります。

日本が武器の共同研究や開発にかかわっていくことに懸念を持つ人がいるのは事実です。しかし、そもそも日本が武器輸出をしていないことが、「日本は世界の平和に貢献している」といった国際世論につながっているわけではありません。「日本は武器を輸出していないんだってさ。立派だね」などとは誰も言ってくれません。なぜならどの国も国産にせよ輸入にせよ、武器を持っています。自分たちがどこかから買っている商品なのに、「売っている奴は悪い奴だ」などと言うはずがないのです。多くの国が同じタイプの武器を使用することは数多くの国が「一蓮托生」の関係になることであり、決して安全保障上悪いことではありません。どこかが突出した秘密兵器を開発するといったリスクも低減できるでしょう。

また、一対一の戦争を好んでしかけるような国は、少なくとも先進国の中から現れるとは当面、考えづらいでしょう。

世界の平和と安全を脅かすような存在に対して、皆で協力して行動する、という集団安全保障の考えに基づいた行動のほうが今後増えていくものと考えられます。そうした場合にも、ある程度同じタイプの武器を使うほうが、共に行動しやすいという実利的な面も考えられます。

武器輸出はハードパワーにあたるのか、ソフトパワーにあたるのか。

確かに軍事に関係はしていますが、ある面では技術やビジネスの交流でもあります。簡単にどちらかだと決め付けられることではありません。

現実の外交を考えた場合に、ハードパワーかソフトパワーかという二者択一に現実味はありませんし、またそもそもそう簡単に二分できるものでもないことはおわかりいただけるかと思います。

卑怯で何が悪いのか？

「石破さんのような立場の人は、よく子供のけんかをたとえに出して、『僕のことは助けて欲しいけれども、僕は君を助けられない』では通用しない、と言います。しかし、『僕は腕力が弱いからけんかの時は助けてね。ただ、僕の腕力では君を助けることはできないから、代わりに普段からメシをおごるよ。オモチャもあげる』という立場は成り立つのではないでしょうか？

あまり毅然たる姿勢とはいえないでしょうし、人によっては『ズルい』『卑怯だ』と思うかもしれません。でも、それで何が悪いんでしょうか？」

「僕は腕力がないけど、お金はあるからオモチャをあげる。だから助けて」というのは、「ドラえもん」におけるスネ夫君に近いスタンスと言えるかもしれません。スネ夫君はズルいイメージがあるけれども、彼は彼で立派に生きているから、それでいいじゃないか、と思う人もいるかもしれません。

しかし、この立場はかなり危ういものです。もっとお金を持っている家の子供が現れて、ジャイアンに対して「スネ夫君よりもいいオモチャをあげるから、僕のほうをよろしく」と言ったらどうなるのでしょうか。

仮にそんなライバルが現れなくても、日本が昔ほどのお金持ちではなくなっているのは、言うまでもありません。つまり、いつまでもスネ夫君の立場でいることができるかどうかはわからないのです。

そもそも、本当に何らかの理由で体力的にけんかができないのであれば、「僕は戦わないけれど、僕のために戦ってね」ということを言ってもいいでしょう。実際、独立した当時の日本はそうだったかもしれません。しかし、今の日本はそうではありません。イザとなれば立派にけんかができる能力を持っていることは、誰の目にも明らかです。それなのに、この質問で述べているような立場を貫くことができるのでしょうか。

私の知る限り、アメリカを始めとする日本の友好国の中で、「日本だけは特別で、自分ではけんかのできない国だから仕方ないね」と考えている国はありません。

そもそも、スネ夫君ファンには申し訳ないのですが、彼は決して「ドラえもん」の中ではそんなに人気のあるほうのキャラクターではありません。それは、やはり「ズルい」というイメージが強いからでしょう。それでもいいじゃないか、という人に考えていただきたいのは、そういうキャラは仲間の中でも信頼されないという点です。このことは、先ほどのソフトパワーの話と関係してきます。

つまり、悪いイメージは、外交においてプラスにならない。ソフトパワーという点での外交力も下げるわけです。

このように説明すると、

「何を言うか。憲法第九条の崇高な理想が、世界の規範となるし、これがあるから日本は世界に尊敬されているんだ。そしてその第九条がある以上、日本はスネ夫でものび太でも構わないのだ」

と言う方もいらっしゃるかもしれません。

しかし、こうした意見にもかなり誤解があります。まず、憲法第九条第一項について言えば、「日本国民は、正義と秩序を基調とする国際平和を誠実に希求し、国権の発動たる戦争と、武力による威嚇又は武力の行使は、国際紛争を解決する手段としては、永久にこれを放棄する」という、パリ不戦条約に由来する文言を条文に盛り込んでいる憲法は、他国にも見られます。

第二項の「戦力不保持」は、たしかに日本独特の条文ですがこれまで多くの国の安全保障関係者とお話しした中で、この第二項について具体的に突っ込んだ議論をしたという経験を私は持ちません。「自民党として第二項を変えたいと考えている」と話しても特に拒絶されることもなく、「それは日本の決めること」という反応でした。

今まではこれでたしかによかったのです。しかし、日本が今日まで戦争に巻き込まれることもなく、独立と平和を保つことができたのは、自衛隊と日米同盟の存在によるところが大きかったのであり、憲法第九条があったから、というのが唯一絶対の理由ではないでしょう。湾岸戦争（一九九一年）の時がそうであったように、「日本には請求書を回しておけばよい」ということでこれから先も通用するとは思えません。バランスが崩れ、「力のバランス」という考えは、いつの時代にも極めて重要です。バランスが崩れ、「力の空白」が生じたときには、必ず大きな変化が訪れるのです。アメリカがベトナムから撤退した後、あるいはフィリピンのスービック海軍基地やクラーク空軍基地から撤退した後、中国は領有権を争っていた南沙諸島や西沙諸島の多くを実効支配下に置いたのです。これはつい最近の出来事です。

中国政府としての正式な見解ではないにせよ、中国人民解放軍の幹部が書いた論文には「戦略的辺疆《へんきょう》」という考え方が登場します。「戦略的国境概念」とでもいうのでしょうか、「国家の発展に伴い、その生存のために国境は変化しうる」という考え方のようで、その根底には、「かつてこの地域はすべて中国の支配下にあった」との意識が存在しているように思われます。アメリカの軍事的プレゼンスが低下する一方で、このように考える中国がより積極的に力を拡大していく。これが現在のアジア太平洋地域の現状、トレンドであり、当面これは変わらない。であるならば、日本も安全保障についての考え方を変えていかねばならないのではないか、と私は考えます。

中国と一戦交えよ、などと主張しているのでは決してありません。そのようなことは誰も望んでいませんし、どの国も失うものばかりが多くて得るものは何もありません。中国が政治的にも経済的にも安定し、いつの日か国際社会のルールに完全に適合した民主主義国家として発展してもらいたい、と切に願っています。

しかし、「力の空白」が生まれたことによって中国が実力行使を決断したことを忘れるべきではなく、そのような気持ちを起こさせないためにも、日米同盟、米韓同盟、あるいはANZUS（太平洋安全保障条約）が有効に機能するよう、さらなる努力が必要となります。

まずはお前が隊員になれ

「仮に集団的自衛権の行使を認めるということになると、自衛隊員の危険が増すのではないでしょうか。自衛隊員が死んだらどうしてくれるんですか?」

個別的か集団的かということと危険度とは必ずしも関係ないということはこれまでにも述べてきました。

しかし、もともと自衛官は、

「事に臨んでは危険を顧みず、身をもつて責務の完遂に努め、もつて国民の負託にこたえる」

という誓いを立てたうえで入隊しているのです。そういう覚悟が必要な危険な仕事に、使命感と誇りをもって日々任務を遂行しているのです。ですから、外部の人が「自衛隊が危なくなるから駄目だ」と言い募《つの》るのには違和感があります。

世の中には、自衛官に限らず、身の危険を覚悟して誇りを持って働いてくださっている仕事はたくさんあります。警察官や消防官、海上保安官などもそうですし、災害や事故現場での様々な仕事もそうです。「危険だから駄目」と安易に言うことは、こうした方々に対して失礼な言動ではないでしょうか。

こういう物言いをする人は、「自衛隊が普段は安全な仕事をしている」という根本的な勘違いをしているようにも見えます。別にＰＫＯやイラクに行く隊員だけが危険な任務についているわけではありません。

災害救助や訓練で命を落とす隊員も少なくないのです。警察予備隊から含めると殉職者数は千八百を超えています。大変悲しいことですが、毎年何人かは必ず殉職しているのです。そのことはもっと知っておいていただきたいことです。

イラクのサマーワに自衛隊を出すかどうか議論がなされていたときに、「そんなことをして犠牲者が出たらどうするのか」という人がいました。幸い、犠牲者を出さずに済みましたが、あのとき「どうするのか」と言っていた方々は、同じ時期に訓練で殉職した隊員がいることをご存知なのでしょうか。

そのサマーワへの派遣にしても、陸上部隊については本人が拒否すれば行かなくてもいいようになっていました。それでも志願者のほうが多くて、そこから選抜するのが大変だというくらいでしたし、再派遣を希望する隊員も少なからずいたことも事実です。

この「危険な仕事だから」うんぬんという話で思い出すのは、代議士になって間もない当選二回目の頃、看護師（当時は看護婦と呼ばれていました）さんたちと話したときのことです。

その頃、彼女たちの仕事の３Ｋ（キツイ、キタナイ、キケン）が問題になっていました。そのせいでなり手がいないことが社会問題になっていたのです。

その時、自民党で彼女たちをお招きして、いろいろヒアリングや意見交換をする機会を持ちました。その場で、

「みなさんの仕事は本当に大変ですね。きついし、危険ですし……」

とこちらが話を始めたら、ある若い看護師さんが烈火のごとく怒ってこう言いました。

「あなた方がそういうことを言うから、駄目なんです。あなた方外部の人が、きついとか危険だとか言うからなり手が減るんです。私たちはそれを承知でこの仕事をしているんです」

自衛官の多くも、これと似たような気持ちではないでしょうか。イラクに派遣する際に、防衛庁長官だった私のもとに、ある幹部自衛官が面会を求めて来ました。彼はこう言いました。

「長官、もしも我々の中から犠牲が出ても、派遣を止めないでください。仮に殉職者が出たことで、オペレーションを止めるくらいならば、そもそも行かせないでください。我々はそういう覚悟で行くのですから」

だから危ない目に遭わせていい、というのでは断じてありません。できる限りの装備、権限を与えて、できる限り安全に任務を遂行してもらうように、私たちは最大限の努力をしていますし、努力し続けます。それは政府の責務です。しかし、だからといって「絶対に安全」ということにはならないでしょう。

多くの国民が高く評価している災害救助でも、犠牲者が出る可能性はあります。東日本大震災においても、直接救助活動での死者は出ていませんが、過労死した隊員はいます。少し前に、キャスターの方の海難救助をしていましたが、あれもかなり命がけの仕事でした。

大前提として強調しておきますが、集団的自衛権というのは、「戦争をしかけられる確率を低くするための知恵」です。そう考えれば、自衛隊の危険度を減らすことになる、という論理も成り立ちます。

いずれにせよ、この手の質問は議論のためというよりは、ご自身の意見を言うためのものなのでしょう。「お前が隊員になれ」「まず、あなたの子供を自衛隊に入れろ」といった意見も時おり耳にしますが、自衛官は嫌々この仕事を選んだのではなく、自らの意思で、誇りを持って選んだのです。私も子供が入りたいといえば、止めませんし、嫌ならば行かせないというだけのことです。

アメリカの巻き添えになるだけでは？

「いかに理屈を言っても、現状でいえば、アメリカの戦争に巻き込まれるだけではないでしようか？　もしもイラク戦争の時に、集団的自衛権の行使がＯＫだったら、自衛隊も参加させられていなかったと言い切れますか？」

「同盟のジレンマ」という言葉をご存知でしょうか。相反する二つの恐怖が同盟にはつきまとうのです。それは「同盟国の戦争に巻き込まれる」恐怖と「同盟国に見捨てられる」恐怖です。

「同盟を組んでいると、相手の都合で、よくわからない戦争に付き合わされたり、危ないところに連れて行かれたりするのでは」というのは前者。

「付き合いが悪いと、同盟をいつ破棄されるかわからない。それはそれで不安だ」というのが後者。

この質問もそうですが、往々にして前者の「巻き込まれる」恐怖のほうだけが強調されるきらいがあるように思えます。

しかし、いま日本には、「巻き込まれる」という受け身の発想だけではなく、日本有事の際には常にアメリカを「巻き込む」という積極的な発想こそが必要なのではないでしょうか。それが同盟強化の意味です。

アメリカの力は相対的に落ちている。それを日本が補う。そのことによってアジア太平洋地域におけるアメリカの権益も確保される。そういう構造をつくっておけば、有事の際に、アメリカ軍が出ることに対してアメリカの納税者も納得するでしょう。逆に言えば、そうしておかなければ見捨てられる可能性はあるのです。

奇妙なことですが、アメリカに巻き込まれることを警戒する人の中にも、「でもアメリカは同盟国なんだから何かあれば助けてくれる」と考えている人がいるようです。なぜそこまでアメリカを無邪気に信用できるのか、私には理解できません。

もちろん日米同盟は強固ですし、今後もそうあるべきでしょう。しかし、一方でアメリカも自国の利益のために動く、いや利益のためにしか動けません。だから、仮にアメリカ国民が「なぜ日本なんかのために動くのだ」と一致して言えば、簡単に軍を動かすことはできないのです。

また、よく誤解されていますが、イラク攻撃はアメリカの自衛権の行使ではありません。あれは、国連安保理の決議に基づいて多国籍軍が動いたのです。つまり、集団的自衛権ではなく、集団安全保障の論理に基づく行動です。イラクの大量破壊兵器が、世界の平和と安全を脅かす可能性がある、という安保理の決議があり、それに基づいて軍事行動を取ったわけです。アメリカが自衛権を行使したわけではありませんから、日本が集団的自衛権を行使できようができまいが、関係ありません。

　アメリカが個別的自衛権を行使した最近の例は、9・11同時多発テロの後のアフガニスタン攻撃です。この時はアメリカが個別的自衛権を行使し、NATOが集団的自衛権を行使して参加しました（その後、集団安全保障に切り替えた）。ですから、論理上は、日本の集団的自衛権の行使が可能になっていたならば、あの戦いに自衛隊が参加した可能性はゼロではない、ということになります。

　ただし、これもまたよく誤解されるところですが、可能だということと、実行する、参加するということはイコールではありません。自民党の基本法案においては、行使にあたっては、国会の事前承認を必要としていますし、「行使できる」と「行使する」はまったく別なのです。この点を理解していない人が、過度に「巻き込まれる」ことを怖れているのではないでしょうか。

　実際に、9・11の後に、さまざまな条件が整備されていて、法的に「行使できる」状況だったとしても、日本が「行使する」となったかといえば、はなはだ疑問です。

　9・11に関して言えば、日本人も多数犠牲になっています。ということは、個別的自衛権を発動することも（強引な解釈をすれば）可能だったかもしれません。

しかし、日本人の感覚としては、いくら国民が殺されたからといって、それで「自衛権を発動して敵国を攻撃しよう」とはまずならないでしょう。それがほとんどの日本人にとっての常識的な感覚だと思います。

つまり、問題は「集団的」か「個別的」かではなく、最後はその国それぞれの判断によって決めることなのです。

日本人に馴染みやすい集団的自衛権の行使としては、当時のドイツの行動が参考になるかと思います。あの時、ドイツは集団的自衛権を行使して、アメリカを支援しました。しかしそれは攻撃に参加するのではなく、手薄になったアメリカ本土の防衛を支援するためにレーダーを積んだ飛行機（ＡＷＡＣＳ）を飛ばすことでした。米軍からの要請に基づいての支援です。

こういう支援は、おそらく国民にも理解されやすいでしょうし、集団的自衛権の行使が認められればスムーズに行えることです。逆に言えば、こういうことも今の解釈では難しいとされています。

繰り返しますが、個別的だから安全で、集団的だから危険だということはありません。

にもかかわらず、解釈をあれこれとひねり回して、実質的な議論にまで入っていけないのが、日本の現状なのです。

個別的か集団的か、ではなく、その行動が日本の安全保障にどのように役に立つのか、日米同盟にどう影響するのか、という具体的な議論に進んだほうが、国民にとって実のあることなのではないでしょうか。

確信を持って言えるのは、「個別的か集団的か」「集団的自衛権は是か非か」「これは武力行使と一体化しているのかしていないのか」といったテーマで侃々諤々議論が行われている日本の状況は、世界的に見てきわめて珍しいということです。なぜなら、ほとんどの国は、そういう概念を弄ぶことではなく、実際に効果のある防衛とは何かを考えているからです。

憲法第九条のおかげで平和なのでは？

「戦後、日本が平和で戦争に巻き込まれずに済んできたのは、憲法第九条に代表される平和主義があったからこそのはずです。イラクやアフガニスタンで自衛隊が攻撃されなかったのも憲法第九条のおかげです。だから世界で尊敬されているのです。この私たちの素晴らしい財産をみすみす捨てるなんて馬鹿げていると思いませんか?」

　中東で自衛隊が攻撃されなかったのは、別に憲法第九条のおかげではありません。

　前述しましたが、憲法第九条第一項「正義と秩序を基調とする国際平和を誠実に希求し、国権の発動たる戦争と、武力による威嚇又は武力の行使は、国際紛争を解決する手段としては、永久にこれを放棄する」に類する条文は、世界中のあちこちの憲法にあります。

　独特なのは第二項ですが、「陸海空軍その他の戦力は、これを保持しない。国の交戦権は、これを認めない」というのが、なぜ自衛隊が攻撃されないことにつながるのか、その論理がよくわかりません。

　このような平和憲法を持っているから、私たちが尊敬されていて「だから日本の自衛隊を攻撃するのもやめよう」と相手が思ってくれる、というのでしょうか。しかし、私たちが思っているほど、世界の人は憲法第九条を知っているわけではありません。ましてやテロリストが「日本の憲法第九条は素晴らしいから、攻撃はしない」といった方針を取るはずもありません。

中東での活動に限らず、「憲法第九条があったから戦争に巻き込まれなかった」というのは一種の日本人独特の思い込みでしょう。

日本が他国に攻め込まれなかった主な理由は、日米安全保障条約があり、アメリカという強大な軍事力を持つ国と同盟関係にあり、自衛隊という自国を守ることができる組織があり、といった条件が揃っていたから、と考えるのが自然でしょう。だから他国が攻めてこようとはしなかった。それが現実です。

一体、どんな危機があるというのか？

「一体、どの国が日本を攻めてくるというのですか？　日本周辺の国、たとえば朝鮮半島有事があったとして、それを日本への攻撃だと見なす必要があるのでしょうか？　放っておけばいいのではないでしょうか？」

どの国が攻めてくるのか、ここで想像をもとに述べることは控えておきますが、もっとも現実的な危機として、北朝鮮が韓国に侵攻するということは想定しておかねばならない事態です。

そんなのは日本に関係ないよ、という人もいるでしょう。

しかし、朝鮮戦争はあくまでも「休戦中」なのです。万一にも北朝鮮が朝鮮半島を統一するということになれば、日本は核を持った独裁国家と国境を接することになります。これは日本の平和と安全に重大な影響を及ぼす事態、すなわち周辺事態だということはいえます。

これを「日本が攻撃された」とみなしうるほど重大な脅威と捉えるかどうかは、その時の判断でしょう。

ただし、日本が集団的自衛権を行使できないということが、北朝鮮が韓国を攻めるかどうか考える際に、彼らにとって「やってみよう」と決断する方の材料の一つになりえるのは間違いありません。

何かあったときに、韓国軍だけが相手になるのか、米軍や自衛隊までも相手にするのかでは、当然「勝率」が変わるわけです。それは攻める側の判断に関わってきます。

だから「どこが攻めてくるのか」と言われれば、

「わかりません。しかし、どの国にせよ攻めてこようという誘惑に駆られないように備えるべきでしょう」

と答えるしかないのです。

少なくとも「他国のことなんか一切知らない。放っておこう」という立場を日本が示したら、北朝鮮にとっては嬉しい話には違いありません。

結局、こういう「他国のことなんか放っておいてもいい」「どの国も攻めてこない」という考え方の人は、今現在のことしか考えていない点が問題です。今は平和であっても何年後かの国際情勢はわかりません。もちろん、より平和になっている可能性もありますが、逆の可能性も十分あります。

注意すべきは、アメリカは「世界の警察」の役目を以前のように果たせなくなった点でしょう。国内からも「もう止めておこうよ」という世論が盛り上がっています。「どうしてうちのお父さんだけが他人のために命を懸けなくてはいけないの」という感じになっているわけです。

しかも、国際的にも感謝されるどころか、煙たがられることが多くなった。シリア攻撃における顛末を報じる日本のメディアの論調も、どこかアメリカが攻撃を断念したことを歓迎するようなトーンがありました。

しかし、こういう状態を歓迎している国があるかもしれないことを忘れてはなりません。それは無法者国家です。自国民を大量に殺害し、他国への侵略を虎視眈々と狙っているような独裁者がいる国です。

シリアが遠い国だから、放っておけばいいや、と思うのかもしれません。しかしこの話を北朝鮮に置き換えてみれば他人事ではないことはわかるはずです。

シリアの現状を見て、北朝鮮は確信を深めたはずです。なるほど、やはり核兵器や化学兵器、ミサイルや潜水艦を持っていれば独裁体制は維持できるのだな、と。

彼らは、二〇一二年に延坪島《ヨンピョンド》を砲撃しています。明らかな停戦合意違反です。また、その二年前には「北朝鮮の魚雷によって哨戒艦が沈められた」と韓国が主張する事件も起きています。いずれの場合も、韓国軍も米軍も北朝鮮を軍事的に攻撃することはしていません。

なぜそうなったのか。北朝鮮側は「やっぱり俺たちが核を持っているからだ」と解釈しているでしょうし、実際にそういう面は強いはずです。まだ彼らの核兵器は使い物にならないかもしれないが、それでも万一核を使われたらたまらない、という判断が米韓にはあった。結果として、その後北朝鮮はより核開発を進めています。

私もあらゆることが平和的に解決するのであれば、それが一番だと思います。しかし、何も準備せず、「宥和政策」を唱えることが、決して平和につながるわけではないのです。

徴兵制への布石では？

「集団的自衛権の行使を認めると、海外に自衛隊員が多く行くことになる。そうすると兵士が不足になるから、最終的には徴兵制を導入することになる、という説を読みましたが、本当でしょうか？」

安全保障関連の議論の中でよく「そんなことを許せば徴兵制につながる」といった主張をなさる方々はたしかにおられます。

しかし、軍事合理性から考えて、徴兵制のメリットが日本にはありません。

また、自衛官の志願者は数多くいて、競争率は高いのです。現時点で五倍超です。無理やり入りたくない人を入れる必要がありません。

三か月くらい訓練すれば、一応銃は撃てる程度にはなるかもしれませんが、今の自衛官に要求されるレベルはそれよりもはるかに高いものです。

理想でいえば、海上自衛隊の護衛艦を操作できるような人材はもっと増強してもいいでしょう。しかし、そのような能力を持つ人材を育てるには、大変な手間暇がかかります。一般の学生や会社員を呼んできて、すぐにどうにかなるような問題ではありません。きちんとしたプロフェッショナルでなければ、実際の役には立ちません。

そもそも、そんなに簡単に「即戦力」が作れるのであれば、自衛官が日々行っている訓練には何の意味があるのか、ということです。体力と気力だけあればいいというものでもない。

現在の兵器はハイテク化が進んでいて、コンピュータの知識がなければ使えないようなものばかりです。素人が入ってきて、すぐにどうこうできるという世界ではありません。

冷静に考えていただきたいのは、仮に徴兵するとして、その兵士たちにも給与を支払わなければならないということです。無給で働かせることは不可能です。そのようなことにつぎ込む予算は日本にはありません。

お隣の韓国が徴兵制をとっているのは、国境を接している隣国が一五〇万人もの兵士を抱えていて、それに対抗する必要があるからです。日本は幸いそういう事情もありません。

集団的自衛権と関係なく、「徴兵制が来る」と不安を煽る人は常にいます。

こういう人はかつて日本で徴兵制があった頃のことをイメージしているのかもしれません。しかし、前述の通り、当時と今とでは兵士に求める能力がまったく異なるので、あの頃のようにはなりません。

高度経済成長の時期には、確かに自衛官不足ということがありました。街中で体格のいい若者に声をかけてスカウトする、という頃をイメージしている人もいるのでしょうか。しかし、当時と違い、就職難ということもあるし、自衛隊のイメージが良くなったこともあり、自衛隊は人気の就職先となっています。どのような角度から見ても、徴兵制を採用する合理的な理由が存在しないのです。そうである以上、ありえないとしか言いようがありません。

なお、自民党の憲法改正草案でも、「徴兵制は憲法に反する」との立場を採っており、安倍総理も「国民は刑罰を除いてその意に反する苦役には服されない」と答弁しています。

戦後長きにわたって徴兵制を維持してきたドイツにおいても、二〇一一年、これを廃止することとなりました。しかし数年前ドイツを訪問し、与野党の議員と議論した際、多くの議員が徴兵制を維持すべきだとした理由は誠に印象的であり、深く考えさせられたものでした。

「ドイツが徴兵制を維持するのは、再びナチスのような存在が台頭することを防ぐためである。軍は市民社会の中に存在しなくてはならず、市民社会と隔絶することがあってはならない。第一次大戦に敗れた後、軍を市民と切り離したために、ナチスのような過激な集団が台頭した。徴兵制は市民と軍とが一体となるために必要な手段なのだ」

彼らは異口同音にそう述べ、同じ敗戦国でこうも考え方が異なるのかと思いました。

現代戦において、軍人は徹底したプロフェッショナルでなくてはならず、徴兵制はその面からもコスト面からもデメリットが多いことは先に述べた通りですが、徴兵制を憲法上認めないこととして、その上で軍事組織に対する国民の理解を深め、文民統制を実効あるものとするためには、教育も含めて多大の努力が必要となります。

同じように二〇〇一年、徴兵制を廃止したフランスにおいては、新たに「国防の日」を設け、かつて徴兵適齢期とされた青年たちに、フランスの国防の歴史や安全保障政策を学ばせることとなったと聞きます。

軍事に関することを忌避することがそのまま平和につながるわけではないことを、改めて考えさせられます。

かつての戦争の時には、マスコミも国民もイケイケでした。それが戦争を後押ししたという面は否定できません。そこからの連想で、またそういう事態になるのでは、という懸念を持つ人がいることは理解できます。

しかし、日本国民はあの戦争の教訓を忘れてしまっているほど愚かな存在だと私は思っていません。また、今の日本が自ら積極的に戦争に参加するメリットもありません。

一方で、集団的自衛権の行使を可能にしておくことのメリットは、これまで主張してきたとおりです。

濫用の歯止めは何かといえば、最終的には「国民の良識」ということになります。不安だという人は、そこに自信がないのでしょうか。

しかし、今の日本国民にはその良識がある。そう私は信じています。

石破　茂　1957（昭和32）年生まれ、鳥取県出身。慶應義塾大学法学部卒。1986年衆議院議員に初当選。防衛大臣などを歴任。2024年、第102代内閣総理大臣就任。著書に『国防』『日本列島創生論』など。

Ⓢ新潮新書

1068

私《わたし》はこう考《かんが》える

著　者　石破《いしば》　茂《しげる》

2024年12月20日　発行

発行者　佐　藤　隆　信

発行所　株式会社 新潮社

〒162-8711　東京都新宿区矢来町71番地
編集部（03）3266-5430　読者係（03）3266-5111
https://www.shinchosha.co.jp
装幀　新潮社装幀室
組版　新潮社デジタル編集支援室

印刷所　錦明印刷株式会社
製本所　錦明印刷株式会社

ISBN978-4-10-611068-9 C0231

価格はカバーに表示してあります。